William

Índice de contenidos

Introducción

¿Alguna vez ha querido saber más sobre William Shakespeare?

La Biografía para estudiantes y académicos de 13 años en adelante es un libro que cuenta la historia de William Shakespeare desde su nacimiento en 1564 hasta su muerte en 1616. Incluye información sobre la vida, la época y la obra de este famoso dramaturgo.

Esta biografía permitirá a los lectores comprender cómo se convirtió en uno de los escritores más influyentes de la historia. Conocerá sus antecedentes familiares, su educación, su carrera como escritor y actor, su matrimonio y sus hijos, su religión y sus creencias, sus relaciones con otras personas, incluida la reina Isabel I. ¡Y descubrirá qué pasó cuando murió a los 52 años!

Podrá explorar el dramaturgo más famoso del mundo con facilidad. Aprende más sobre uno de los escritores más influyentes de la historia.

William Shakespeare

William Shakespeare, Shakespeare también deletreado Shakspere, apodado Bardo de Avon o Cisne de Avon, (bautizado el 26 de abril de 1564, Stratford-upon-Avon, Warwickshire, Inglaterra-muerto el 23 de abril de 1616, Stratford-upon-Avon), poeta, dramaturgo y actor inglés, a menudo llamado el poeta nacional inglés y considerado por muchos como el mejor dramaturgo de todos los tiempos.

William Shakespeare ocupa una posición única en la literatura mundial. Otros poetas, como Homero y Dante, y novelistas, como León Tolstoi y Charles Dickens, han trascendido las barreras nacionales, pero la reputación viva de ningún escritor puede compararse a la de Shakespeare, cuyas obras, escritas a finales del siglo XVI y principios del XVII para un pequeño teatro de repertorio, se representan y leen ahora con más frecuencia y en más países que nunca.

La profecía del gran contemporáneo de Shakespeare, el poeta y dramaturgo Ben Jonson, de que Shakespeare "no era de una época, sino para todos los tiempos", se ha cumplido.

Puede ser audaz incluso intentar una definición de su grandeza, pero no es tan difícil describir los dones que le permitieron crear visiones imaginativas de patetismo y alegría que, tanto si se leen como si se presencian en el teatro, llenan la mente y permanecen allí. Es un escritor de gran rapidez intelectual, perspicacia y poder poético.

Otros escritores han tenido estas cualidades, pero en el caso de William Shakespeare la agudeza mental no se aplicó a temas abstrusos o remotos, sino a los seres humanos y a toda su gama de emociones y conflictos. Otros escritores han aplicado su agudeza mental de este modo, pero Shakespeare es asombrosamente hábil con las palabras y las imágenes, de modo que su energía mental, cuando se aplica a situaciones humanas inteligibles, encuentra una expresión plena y memorable, convincente e imaginativamente estimulante.

Por si fuera poco, la forma de arte en la que se volcaron sus energías creativas no era remota y libresca, sino que implicaba la vívida personificación escénica de seres humanos, despertando simpatía e invitando a la participación vicaria. Así, los méritos de Shakespeare pueden sobrevivir a la traducción a otras lenguas y a culturas alejadas de la de la Inglaterra isabelina.

La vida de Shakespeare

Aunque la cantidad de datos disponibles sobre Shakespeare es sorprendentemente grande para una persona de su posición en la vida, a muchos les resulta un poco decepcionante, ya que en su mayor parte se extrae de documentos de carácter oficial. Fechas de bautizos, matrimonios, defunciones y entierros; testamentos, traspasos, procesos legales y pagos de la corte: estos son los detalles polvorientos. Sin embargo, hay muchas alusiones contemporáneas a él como escritor, y éstas añaden una cantidad razonable de carne y hueso al esqueleto biográfico.

La casa de John Shakespeare que se cree que es el lugar de nacimiento de Shakespeare, en Stratford-upon-Avon

El registro parroquial de la iglesia de la Santísima Trinidad de Stratford-upon-Avon (Warwickshire) indica que fue bautizado allí el 26 de abril de 1564; su cumpleaños se celebra tradicionalmente el 23 de abril. Su padre, John Shakespeare, era un burgués del municipio, que en 1565 fue elegido concejal y en 1568 bailiff (el cargo correspondiente a alcalde, antes de la concesión de una nueva carta a Stratford en 1664).

William Shakespeare se dedicó a varios tipos de comercio y parece haber sufrido algunas fluctuaciones en su prosperidad. Su esposa, Mary Arden, de Wilmcote, Warwickshire, procedía de una antigua familia y era heredera de algunas tierras. (Dadas las distinciones sociales un tanto rígidas del siglo XVI, este matrimonio debió de suponer un ascenso en la escala social para John Shakespeare).

Stratford contaba con una escuela de gramática de buena calidad, cuya educación era gratuita, ya que el salario del director era pagado por el municipio. No se conservan listas de los alumnos que asistían a la escuela en el siglo XVI, pero sería absurdo suponer que el alguacil de la ciudad no enviara a su hijo a ella.

La educación del muchacho consistiría sobre todo en estudios de latín, aprendiendo a leer, escribir y hablar la lengua bastante bien y estudiando a algunos de los historiadores, moralistas y poetas clásicos. Shakespeare no llegó a la universidad y, de hecho, es poco probable que la ronda académica de lógica, retórica y otros estudios que se seguían allí le interesaran.

En cambio, a los 18 años William Shakespeare se casó. Se desconoce dónde y cuándo exactamente, pero el registro episcopal de Worcester conserva una fianza fechada el 28 de noviembre de 1582, y ejecutada por dos hombres de Stratford, llamados Sandells y Richardson, como garantía para que el obispo expidiera una licencia para el matrimonio de William Shakespeare y "Anne Hathaway de Stratford", con el consentimiento de los amigos de ella y tras pedir las amonestaciones. (Anne murió en 1623, siete años después de Shakespeare.

Hay buenas pruebas para asociar a Anne con una familia de Hathaways que habitaba una hermosa granja, hoy muy visitada, a 2 millas [3,2 km] de Stratford). La siguiente fecha de interés se encuentra en los registros de la iglesia de Stratford, donde una hija, llamada Susanna, nacida de William Shakespeare, fue bautizada el 26 de mayo de 1583. El 2 de febrero de 1585 fueron bautizados dos gemelos, Hamnet y Judith. (Hamnet, el único hijo de Shakespeare, murió 11 años después).

No se sabe cómo pasó William Shakespeare los ocho años siguientes, más o menos, hasta que su nombre empieza a aparecer en los registros teatrales de Londres. Hay historias -que se hicieron públicas mucho después de su muerte- de que robó ciervos y se metió en problemas con un magnate local, Sir Thomas Lucy de Charlecote, cerca de Stratford; de que se ganaba la vida como maestro de escuela en el campo; de que iba a Londres y se introducía en el mundo del teatro cuidando los caballos de los espectadores.

También se ha conjeturado que Shakespeare pasó algún tiempo como miembro de una gran casa y que fue soldado, quizá en los Países Bajos. En lugar de pruebas externas, estas extrapolaciones sobre la vida de Shakespeare se han hecho a menudo a partir de las "pruebas" internas de sus escritos. Pero este método es insatisfactorio: no se puede concluir, por ejemplo, a partir de sus alusiones a la ley que Shakespeare era un abogado, ya que era claramente un escritor que sin dificultad podía obtener cualquier conocimiento que necesitara para la composición de sus obras

La carrera de Shakespeare

La primera referencia a Shakespeare en el mundo literario londinense se produce en 1592, cuando un colega dramaturgo, Robert Greene, declaró en un panfleto escrito en su lecho de muerte

Hay un cuervo advenedizo, embellecido con nuestras plumas, que con su CORAZÓN DE TYGERS ENVUELTO EN UNA PIEL DE PLAYERS supone que es tan capaz de bombardear un verso en blanco como el mejor de vosotros; y, siendo un absoluto JOHANNES FACTOTUM, es en su propia opinión el único Shake-scene de un país.

Es difícil determinar el significado de estas palabras, pero está claro que son insultantes y que Shakespeare es el objeto de los sarcasmos. Cuando el libro en el que aparecen (GREENES, GROATS-WORTH OF WITTE, BOUGHT WITH A MILLION OF REPENTANCE, 1592) se publicó después de la muerte de Greene, un conocido común escribió un prefacio en el que ofrecía una disculpa a Shakespeare y daba testimonio de su valía.

Este prefacio también indica que Shakespeare ya estaba haciendo importantes amigos. Porque, aunque la puritana ciudad de Londres era generalmente hostil al teatro, muchos de los nobles eran buenos mecenas del drama y amigos de los actores. Shakespeare parece haber atraído la atención del joven Henry Wriothesley, tercer conde de Southampton, y a este noble le dedicó sus primeros poemas publicados, VENUS Y ADONIS y LA VIOLACIÓN DE LUCRECIA.

Una prueba sorprendente de que Shakespeare empezó a prosperar pronto y trató de recuperar la fortuna de la familia y establecer su gentilidad es el hecho de que se concedió un escudo de armas a John Shakespeare en 1596. En el Colegio de Armas de Londres se conservan borradores de esta concesión, aunque el documento final, que debió de ser entregado a los Shakespeare, no ha sobrevivido.

Es casi seguro que el propio William tomó la iniciativa y pagó los honorarios. El escudo de armas aparece en el monumento a Shakespeare (construido antes de 1623) en la iglesia de Stratford. Igualmente interesante como prueba del éxito mundano de Shakespeare fue su compra en 1597 de New Place, una gran casa en Stratford, por la que, de niño, debió pasar todos los días al ir a la escuela.

No está claro cómo empezó su carrera en el teatro, pero desde aproximadamente 1594 fue un miembro importante de la compañía de actores del Lord Chamberlain (llamada los Hombres del Rey tras la llegada de Jacobo I en 1603). Tenían el mejor actor, Richard Burbage; tenían el mejor teatro, el Globe (terminado en el otoño de 1599); tenían el mejor dramaturgo, Shakespeare. No es de extrañar que la compañía prosperara. Shakespeare se convirtió en un profesional a tiempo completo de su propio teatro, participando en una empresa cooperativa y preocupándose íntimamente por el éxito financiero de las obras que escribía.

Desgraciadamente, los registros escritos dan pocos indicios de la forma en que la vida profesional de Shakespeare moldeó su maravilloso arte. Todo lo que se puede deducir es que durante 20 años Shakespeare se dedicó asiduamente a su arte, escribiendo más de un millón de palabras de drama poético de la más alta calidad.

La vida privada de William Shakespeare

William Shakespeare tuvo poco contacto con la oficialidad, aparte de asistir -vestido con la librea real como miembro de los Hombres del Rey- a la coronación del rey Jaime I en 1604. Siguió ocupándose de sus intereses económicos. Compró propiedades en Londres y en Stratford. En 1605 compró una parte (aproximadamente una quinta parte) de los diezmos de Stratford, lo que explica que fuera enterrado en el coro de su iglesia parroquial.

Durante algún tiempo, William Shakespeare se alojó en casa de una familia hugonote francesa llamada Mountjoy, que vivía cerca de la iglesia de San Olave en Cripplegate, Londres. Las actas de un pleito en mayo de 1612, resultante de una disputa de la familia Mountjoy, muestran a Shakespeare prestando declaración de forma genial (aunque incapaz de recordar ciertos hechos importantes que habrían decidido el caso) e interesándose en general por los asuntos de la familia.

No se ha conservado ninguna carta escrita por Shakespeare, pero una carta privada dirigida a él quedó atrapada en algunas transacciones oficiales de la ciudad de Stratford, por lo que se ha conservado en los archivos del municipio. Fue escrita por un tal Richard Quiney y dirigida por él desde la posada Bell de Carter Lane, en Londres, adonde había ido desde Stratford por negocios.

En un lado del papel está inscrito: "A mi querido y buen amigo y compatriota, Mr. Wm. Shakespeare, entrégale esto". Al parecer, Quiney pensó que su compatriota de Stratfordian era una persona a la que podía solicitar el préstamo de 30 libras, una gran suma en la época isabelina. No se sabe nada más sobre la transacción, pero, dado que se presentan tan pocas oportunidades de ver la vida privada de Shakespeare, esta carta de mendicidad se convierte en un documento conmovedor. Además, tiene cierto interés el hecho de que 18 años después el hijo de Quiney, Thomas, se convirtiera en el marido de Judith, la segunda hija de Shakespeare.

El testamento de Shakespeare (realizado el 25 de marzo de 1616) es un documento largo y detallado. En él, su propiedad, bastante amplia, recae sobre los herederos varones de su hija mayor, Susanna. (Sus dos hijas estaban entonces casadas, una con el mencionado Thomas Quiney y la otra con John Hall, un respetado médico de Stratford).

Como idea tardía, legó a su esposa su "segunda mejor cama"; nadie puede saber con certeza qué significa este notorio legado. Las firmas del testador en el testamento son, al parecer, de mano temblorosa. Quizás Shakespeare ya estaba enfermo.

William Shakespeare murió el 23 de abril de 1616. No hay ningún nombre inscrito en su lápida en el coro de la iglesia parroquial de Stratford-upon-Avon.

La tumba de Shakespeare, junto a las de Anne Shakespeare, su esposa, y Thomas Nash, el marido de su nieta

La sexualidad de William Shakespeare

Como tantas circunstancias de la vida personal de Shakespeare, la cuestión de su naturaleza sexual está envuelta en la incertidumbre. A los 18 años, en 1582, se casó con Anne Hathaway, una mujer ocho años mayor que él. Su primera hija, Susanna, nació el 26 de mayo de 1583, unos seis meses después de la ceremonia matrimonial. El 27 de noviembre de 1582 se expidió una licencia para el matrimonio, con una sola lectura (en lugar de las tres habituales) de las amonestaciones, o anuncio de la intención de casarse para dar a cualquiera de las partes la oportunidad de plantear cualquier posible objeción legal.

Este procedimiento y la rápida llegada del primer hijo de la pareja sugieren que el embarazo no fue planificado, ya que ciertamente fue prematrimonial. Por lo tanto, el matrimonio parece haber sido una "escopeta". Ana dio a luz, unos 21 meses después de la llegada de Susana, a dos gemelos, llamados Hamnet y Judith, que fueron bautizados el 2 de febrero de 1585. A partir de entonces Guillermo y Ana no tuvieron más hijos. Permanecieron casados hasta la muerte de él en 1616.

¿Eran compatibles o William Shakespeare prefirió vivir separado de Ana durante la mayor parte de este tiempo? Cuando se trasladó a Londres en algún momento entre 1585 y 1592, no se llevó a su familia con él. El divorcio era casi imposible en esta época. ¿Hubo razones médicas o de otro tipo para la ausencia de más hijos? ¿Estaba presente en Stratford cuando Hamnet, su único hijo, murió en 1596 a la edad de 11 años? Compró una buena casa para su familia en Stratford y adquirió bienes inmuebles en los alrededores.

William Shakespeare fue finalmente enterrado en la iglesia de la Santísima Trinidad de Stratford, donde Ana se reunió con él en 1623. Parece que se retiró a Stratford desde Londres hacia 1612. Había vivido alejado de su mujer y sus hijos, salvo, presumiblemente, por visitas ocasionales en el curso de una vida profesional muy ajetreada, durante al menos dos décadas. El hecho de haber legado en su última voluntad y testamento su "segunda mejor cama" a Ana, sin que se mencione su nombre en ese documento, ha sugerido a muchos estudiosos que el matrimonio fue una decepción provocada por un embarazo no planificado.

¿Cómo fue la vida amorosa de Shakespeare durante esas décadas en Londres, al margen de su familia? Los conocimientos sobre este tema son, en el mejor de los casos, inciertos. Según una anotación fechada el 13 de marzo de 1602 en el cuaderno de notas de un estudiante de derecho llamado John Manningham, Shakespeare tuvo una breve aventura después de que escuchara a una ciudadana que estaba en una representación de Ricardo III haciendo una cesión a Richard Burbage, el actor principal de la compañía de actores a la que Shakespeare también pertenecía. Aprovechando que había escuchado su conversación, Shakespeare se apresuró al lugar donde se había concertado la cita, fue "agasajado" por la mujer y estaba "en su juego" cuando apareció Burbage.

Cuando se trajo un mensaje de que "Ricardo Tercero" había llegado, se supone que Shakespeare "hizo volver que Guillermo el Conquistador era antes que Ricardo Tercero. El nombre de Shakespeare es William". Esta anotación en el diario de Manningham debe considerarse con mucho escepticismo, ya que no está verificada por ninguna otra prueba y porque puede hablar simplemente de la verdad intemporal de que los actores son considerados espíritus libres y bohemios.

De hecho, la historia era tan divertida que fue contada, embellecida e impresa en A GENERAL VIEW OF THE STAGE (1759) de Thomas Likes mucho antes de que se descubriera el diario de Manningham. En cualquier caso, sugiere que Manningham imaginó que era cierto que Shakespeare era heterosexual y que no era reacio a una infidelidad ocasional a sus votos matrimoniales.

La película SHAKESPEARE IN LOVE (1998) juega divertidamente con esta idea en su presentación puramente ficticia del tortuoso romance de Shakespeare con una joven llamada Viola De Lesseps, que estaba ansiosa por convertirse en una actriz en una compañía profesional y que inspiró a Shakespeare en su escritura de Romeo y Julieta -de hecho, le dio algunas de sus mejores líneas.

Aparte de estas intrigantes circunstancias, apenas sobreviven otras pruebas que los poemas y las obras de teatro que escribió Shakespeare. ¿Se puede aprender algo de ellos? Los sonetos, escritos tal vez durante un largo periodo de tiempo, desde principios de la década de 1590 hasta el 1600, son la crónica de una relación profundamente amorosa entre el hablante de los sonetos y un joven bien nacido.

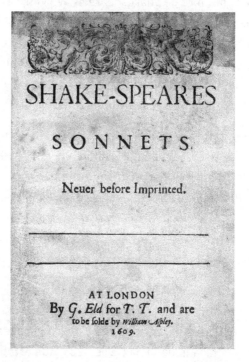

Portada de la edición de 1609 de los Sonetos de Shake-Speares

A veces, el poeta-hablante se siente muy sostenido y reconfortado por un amor que parece recíproco. Más a menudo, la relación se ve perturbada por ausencias dolorosas, por celos, por la percepción del poeta de que otros escritores se ganan el afecto del joven y, finalmente, por la profunda infelicidad de una deserción absoluta en la que el joven arrebata al poeta-parlante la belleza de pelo oscuro de cuyos favores sexuales ha disfrutado el poeta-parlante.

Esta narración parece plantear un deseo heterosexual en el poeta-hablante, aunque sea de tipo problemático y culpable; pero ¿los sonetos anteriores sugieren también un deseo por el joven? La relación se presenta como profundamente emocional y dependiente; el poeta-hablante no puede vivir sin su amigo y sin que éste le devuelva el amor que el poeta-hablante siente tan ardientemente. Sin embargo, los lectores de hoy no pueden saber fácilmente si ese amor tiene como objetivo la culminación física.

De hecho, el Soneto 20 parece negar esa posibilidad al insistir en que el hecho de que la Naturaleza haya dotado al amigo de "una cosa para mi nada" -es decir, un pene- significa que el sexo físico debe considerarse únicamente en el ámbito de la relación del amigo con las mujeres.

El crítico Joseph Pequigney ha argumentado extensamente que los sonetos conmemoran, no obstante, una relación física consumada entre el poeta-hablante y el amigo, pero la mayoría de los comentaristas se han apartado de una afirmación tan audaz.

Una dificultad importante es que no se puede asegurar que los sonetos sean autobiográficos. Shakespeare es un dramaturgo tan magistral que es fácil imaginarlo creando un argumento tan intrigante como base de su secuencia de sonetos. Además, ¿se imprimen los sonetos en el orden que Shakespeare hubiera querido? Parece que no participó en su publicación en 1609, mucho después de que la mayoría de ellos fueran escritos. Aun así, uno puede preguntarse por qué una historia así habría atraído a Shakespeare. ¿Existe un nivel en el que la fantasía y el trabajo onírico pueden estar involucrados?

Las obras de teatro y otros poemas se prestan con incertidumbre a tales especulaciones. Las relaciones amorosas entre dos hombres se presentan a veces como extraordinariamente profundas. Antonio, en Noche de Reyes, protesta ante Sebastián por la necesidad de acompañarle en sus aventuras, incluso con gran riesgo personal: "Si no me asesinas por mi amor, déjame ser tu siervo" (Acto II, escena 1, líneas 33-34). Es decir, moriré si me dejas atrás. Otro Antonio, en El mercader de Venecia, arriesga su vida por su querido amigo Bassanio.

Los actores del teatro actual suelen representar estas relaciones como homosexuales y, de hecho, los actores suelen mostrarse incrédulos ante cualquiera que dude de que sea así. En Troilo y Crésida, se rumorea que Patroclo es la "puta masculina" de Aquiles (V, 1, línea 17), como se sugiere en Homero, y ciertamente los dos son muy amigos, aunque Patroclo amonesta a Aquiles para que entre en combate diciendo

Una vez más, en el escenario moderno esta relación se representa a menudo como obviamente, incluso flagrantemente, sexual; pero si Shakespeare lo vio como tal, o la obra valoriza la homosexualidad o la bisexualidad, es otra cuestión.

Ciertamente, sus obras contienen muchas representaciones cálidamente positivas de la heterosexualidad, en los amores de Romeo y Julieta, Orlando y Rosalinda, y Enrique V y Catalina de Francia, entre muchos otros. Al mismo tiempo, Shakespeare es astuto en sus representaciones de la ambigüedad sexual. Viola -disfrazada de joven, Cesario, en Noche de Reyes- conquista el amor del duque Orsino de una manera tan delicada que lo que parece ser el amor entre dos hombres se transforma en el apareamiento heterosexual de Orsino y Viola.

La ambigüedad se ve reforzada por el hecho de que el público sabe que en el teatro de Shakespeare Viola/Cesario era interpretada por un actor de unos 16 años. Todas las situaciones de travestismo en las comedias, en las que intervienen Porcia en EL mercader de Venecia, Rosalinda/Ganímedes en Como gustéis, Imogen en Cymbeline, y muchas otras, exploran juguetonamente los inciertos límites entre los géneros.

El nombre del disfraz masculino de Rosalinda en Como gustéis, Ganímedes, es el del copero de Zeus del que éste estaba enamorado; las antiguas leyendas suponen que Ganímedes era el catamán de Zeus. Shakespeare es característicamente delicado en este aspecto, pero parece deleitarse con la sugerencia sexual.

Documentación póstuma

Sin embargo, la familia o los amigos de William Shakespeare no se contentaron con una simple lápida y, en pocos años, se erigió un monumento en el muro del coro. Parece que ya existía en 1623.

Su epitafio, escrito en latín e inscrito inmediatamente debajo del busto, atribuye a Shakespeare la sabiduría mundana de Néstor, el genio de Sócrates y el arte poético de Virgilio. Al parecer, así era como sus contemporáneos de Stratford-upon-Avon deseaban que se recordara a su conciudadano.

Los homenajes de los colegas de Shakespeare

El recuerdo de William Shakespeare sobrevivió mucho tiempo en los círculos teatrales, ya que sus obras siguieron siendo una parte importante del repertorio de los Hombres del Rey hasta el cierre de los teatros en 1642.

El más grande de los grandes contemporáneos de Shakespeare en el teatro, Ben Jonson, tenía mucho que decir sobre él. A William Drummond de Hawthornden en 1619 le dijo que Shakespeare "quería arte".

Pero, cuando Jonson llegó a escribir su espléndido poema prefijado a la edición Folio de las obras de Shakespeare en 1623, estuvo a la altura de la ocasión con conmovedoras palabras de elogio.

Página del título del Primer Folio, 1623. Grabado en cobre de Shakespeare por Martin Droeshout

Además de casi retractarse de su anterior burla sobre la falta de arte de William Shakespeare, da testimonio de que la personalidad de Shakespeare se percibía, para quienes lo conocían, en su poesía: el estilo era el hombre. Jonson también recordó a sus lectores la fuerte impresión que las obras habían causado a la reina Isabel I y al rey Jacobo I en las representaciones de la corte.

Shakespeare parece haber mantenido una relación afectiva con sus colegas del teatro. Sus compañeros actores John Heminge y Henry Condell (que, junto con Burbage, fueron recordados en su testamento) dedicaron el Primer Folio de 1623 al conde de Pembroke y al conde de Montgomery, explicando que habían recopilado las obras "sin ambición de lucro ni de fama; sólo para mantener viva la memoria de tan digno amigo y compañero como fue nuestro Shakespeare".

Anécdotas y documentos de William Shakespeare

Los anticuarios del siglo XVII empezaron a recopilar anécdotas sobre Shakespeare, pero no se escribió ninguna vida seria hasta 1709, cuando Nicholas Rowe trató de reunir información de todas las fuentes disponibles con el objetivo de producir una narración conectada. En Stratford existían tradiciones locales: ocurrencias y burlas de personajes locales; historias escandalosas de borracheras y escapadas sexuales. Hacia 1661, el vicario de Stratford escribió en su diario "Shakespeare, Drayton y Ben Jonson tuvieron una reunión alegre, y parece que bebieron demasiado; porque Shakespeare murió de una fiebre que contrajo allí".

Por otra parte, el anticuario John Aubrey escribió en unas notas sobre Shakespeare: "No era un guardián de la compañía; vivía en Shoreditch; no se corrompía y, si se le invitaba, escribía que tenía dolor". Richard Davies, archidiácono de Lichfield, informó: "Murió siendo papista". No se sabe hasta qué punto se puede confiar en esta historia. A principios del siglo XVIII, apareció una historia según la cual la reina Isabel había obligado a Shakespeare "a escribir una obra de Sir John Falstaff enamorado" y que éste había realizado la tarea (Las alegres comadres de Windsor) en quince días. Hay otras historias, todas de autenticidad incierta y algunas meras invenciones.

Cuando se iniciaron los estudios serios en el siglo XVIII, era demasiado tarde para obtener algo de las tradiciones. Pero se empezaron a descubrir documentos. El testamento de Shakespeare se encontró en 1747 y su licencia de matrimonio en 1836. Los documentos relativos al pleito de Mountjoy ya mencionados se encontraron y se imprimieron en 1910. Es concebible que aún se descubran más documentos de carácter jurídico, pero a medida que pasa el tiempo la esperanza se hace más remota.

Los estudiosos modernos se preocupan más por estudiar a William Shakespeare en relación con su entorno social, tanto en Stratford como en Londres. Esto no es fácil, porque el autor y actor vivió una vida un tanto distante: un respetado caballero de campo propietario de diezmos en Stratford, quizás, pero un artista bastante desarraigado en Londres.

William Shakespeare, poeta y dramaturgo

William Shakespeare vivió en una época en la que las ideas y las estructuras sociales establecidas en la Edad Media seguían informando el pensamiento y el comportamiento humanos. La reina Isabel I era la representante de Dios en la tierra, y los señores y plebeyos ocupaban su lugar en la sociedad bajo su mando, con responsabilidades que ascendían a través de ella hasta Dios y descendían hasta los de rango más humilde. El orden de las cosas, sin embargo, no quedaba sin cuestionar.

El ateísmo todavía se consideraba un desafío a las creencias y al modo de vida de la mayoría de los isabelinos, pero la fe cristiana ya no era única. La autoridad de Roma había sido desafiada por Martín Lutero, Juan Calvino, una multitud de pequeñas sectas religiosas y, de hecho, la propia iglesia inglesa.

La prerrogativa real fue cuestionada en el Parlamento; los órdenes económico y social se vieron perturbados por el auge del capitalismo, por la redistribución de las tierras monásticas bajo Enrique VIII, por la expansión de la educación y por la afluencia de nuevas riquezas procedentes del descubrimiento de nuevas tierras.

Una interacción de ideas nuevas y viejas era típica de la época: las homilías oficiales exhortaban al pueblo a la obediencia; el teórico político italiano Nicolás Maquiavelo exponía un nuevo y práctico código de política que hacía que los ingleses temieran al "maquiavélico" italiano y, sin embargo, les incitaba a preguntarse qué hacen los hombres, en lugar de qué deben hacer. En Hamlet, las disquisiciones sobre el hombre, la creencia, un estado "podrido" y los tiempos "fuera de lugar" reflejan claramente una creciente inquietud y escepticismo.

La traducción de los ENSAYOS de Montaigne en 1603 dio más vigencia, alcance y finura a ese pensamiento, y Shakespeare fue uno de los muchos que los leyó, haciendo citas directas y significativas en LA TEMPESTAD.

En la investigación filosófica, la pregunta "¿Cómo?" se convirtió en el impulso para avanzar, en lugar del tradicional "¿Por qué?" de Aristóteles. Las obras de Shakespeare escritas entre 1603 y 1606 reflejan inequívocamente una nueva desconfianza jacobina. Jacobo I, que, al igual que Isabel, reivindicaba la autoridad divina, era mucho menos capaz que ella de mantener la autoridad del trono.

La llamada Conspiración de la Pólvora (1605) mostró un decidido desafío por parte de una pequeña minoría del Estado; las luchas de Jacobo con la Cámara de los Comunes en sucesivos Parlamentos, además de indicar la fuerza de los "hombres nuevos", también revelaron las insuficiencias de la administración.

Convenciones y tradiciones dramáticas

Las comedias latinas de Plauto y Terencio eran conocidas en las escuelas y universidades isabelinas, y los estudiantes representaban ocasionalmente traducciones o adaptaciones de las mismas en inglés. Las tragedias retóricas y sensacionales de Séneca también habían sido traducidas y a menudo imitadas. Pero también existía una fuerte tradición dramática autóctona derivada de las obras milagrosas medievales, que habían seguido representándose en varias ciudades hasta que se prohibieron durante el reinado de Isabel.

Esta dramaturgia autóctona había sido capaz de asimilar la farsa popular francesa, las obras morales de inspiración clerical sobre temas abstractos y los interludios o breves entretenimientos que aprovechaban los "giros" de los payasos y actores individuales. Aunque los predecesores inmediatos de Shakespeare eran conocidos como ingenios universitarios, sus obras rara vez estaban estructuradas a la manera de las que habían estudiado en Oxford o Cambridge; en cambio, utilizaban y desarrollaban las formas narrativas más populares.

Los cambios en la lengua

La lengua inglesa en esta época estaba cambiando y ampliando su alcance. El poeta Edmund Spenser se encargó de restaurar las palabras antiguas, y los maestros de escuela, los poetas, los cortesanos sofisticados y los viajeros aportaron nuevas contribuciones de Francia, Italia y los clásicos romanos, así como de otros lugares. Con la ayuda de la creciente disponibilidad de libros impresos más baratos, la lengua empezó a estandarizarse en gramática y vocabulario y, más lentamente, en ortografía.

Con la ambición de una reputación europea y permanente, el ensayista y filósofo Francis Bacon escribió en latín además de en inglés; pero, si hubiera vivido sólo unas décadas más tarde, incluso él podría haber confiado totalmente en su propia lengua.

Las deudas literarias de Shakespeare

La deuda más evidente de Shakespeare fue con Raphael Holinshed, cuyas CRÓNICAS (la segunda edición, publicada en 1587) proporcionaron material argumental para varias obras, entre ellas MACBETH y EL REY LEAR.

Sin embargo, pronto no hubo línea entre sus efectos y los suyos. En La Tempestad (quizás la más original de todas sus obras en cuanto a forma, tema, lenguaje y escenario) también se pueden rastrear influencias folclóricas, junto con una deuda más reciente y evidente con una diversión cortesana conocida como la mascarada, desarrollada por Ben Jonson y otros en la corte del rey Jaime.

De las obras tardías de Shakespeare, CARDENIO (ahora perdida) se basó probablemente en los incidentes del personaje Cardenio en el QUIJOTE DE Miguel de Cervantes.

Como esa gran obra había sido traducida al inglés en 1612 por Thomas Shelton, estaba a disposición de William Shakespeare y John Fletcher cuando, evidentemente, colaboraron como autores en CARDENIO en 1613. Fletcher recurrió a Cervantes en varias de sus obras posteriores.

Condiciones para las obras de teatro

El Globe y su predecesor, el Theatre, eran teatros públicos dirigidos por los Chamberlain's Men, una importante compañía teatral a la que pertenecía William Shakespeare.

Casi todas las clases de ciudadanos, excepto muchos puritanos y reformistas afines, acudían a ellos para entretenerse por la tarde. Los actores también eran convocados a la corte, para actuar ante el monarca y la nobleza reunida. En épocas de peste, normalmente en verano, podían recorrer las provincias, y en ocasiones actuaban en las Inns of Court de Londres (asociaciones de estudiantes de derecho), en las universidades y en las grandes casas.

La popularidad condujo a una demanda insaciable de obras de teatro: a principios de 1613 los King's Men - como se conocía entonces a los Chamberlain's Men- podían presentar "catorce obras diversas". El teatro también se puso pronto de moda, y en 1608-09 los King's Men empezaron a actuar con regularidad en el Blackfriars, un teatro interior "privado" en el que los elevados precios de las entradas aseguraban a la compañía un público más selecto y sofisticado para sus representaciones.

Las primeras asociaciones de William Shakespeare con los Hombres de Cámara parecen haber sido como actor. No se sabe que Shakespeare actuara después de 1603, y la tradición sólo le atribuye papeles secundarios, como el del fantasma en HAMLET y el de Adán en COMO GUSTÉIS, pero su continua asociación debió proporcionarle un conocimiento práctico directo de todos los aspectos del teatro. Numerosos pasajes de sus obras muestran una preocupación consciente por las artes teatrales y las reacciones del público. Hamlet aconseja a los actores visitantes sobre el arte de la interpretación. Próspero, en LA TEMPESTAD, habla de toda la vida como una especie de "juerga" o espectáculo teatral que, como un sueño, pronto terminará.

En la época de Shakespeare había poco tiempo para ensayar en grupo, y los actores sólo recibían la letra de sus propios papeles. Por ello, las escenas cruciales de las obras de Shakespeare se desarrollan entre dos o tres personajes solamente o bien se representan con un solo personaje dominando un escenario abarrotado.

La mayoría de los papeles femeninos se escribían para jóvenes actores masculinos o varones, por lo que Shakespeare no solía escribir grandes papeles para ellas ni mantenerlas activas en el escenario durante largos periodos.

Escribir para los payasos de la compañía -que eran importantes atracciones populares en cualquier obra- planteaba el problema de permitirles utilizar sus personalidades y trucos cómicos y, al mismo tiempo, ponerlos al servicio de los intereses inmediatos del tema y la acción.

Las obras de Shakespeare y sus relaciones

Para una lista cronológica de las obras de Shakespeare. A pesar de las numerosas discusiones de los especialistas, a menudo es imposible datar con precisión una obra determinada. Sin embargo, existe un consenso general, especialmente para las obras escritas en 1588-1601, en 1605-1607 y a partir de 1609. Las fechas de composición utilizadas aquí se basan en pruebas externas e internas, en consideraciones estilísticas y temáticas generales, y en la observación de que parece haberse establecido una producción de no más de dos obras al año en aquellos períodos en los que la datación es más clara que en otros.

Los dos poemas narrativos de Shakespeare, VENUS Y ADONIS y LA VIOLACIÓN DE LUCRECIA, pueden fecharse con certeza en los años en que la peste interrumpió las representaciones dramáticas en Londres, en 1592-1593 y 1593-1594, respectivamente, justo antes de su publicación. Pero los sonetos ofrecen muchos y variados problemas; no pueden haber sido escritos todos a la vez, y la mayoría de los estudiosos los sitúan dentro del periodo 1593-1600. "El fénix y la tortuga" puede fecharse entre 1600 y 1601.

Publicaciones de William Shakespeare

Las compañías de actores de Londres durante el Renacimiento estaban siempre en busca de nuevas obras. Normalmente pagaban a destajo, a escritores independientes. Shakespeare fue una importante excepción; como miembro de los Lord Chamberlain's Men y luego de los King's Men, escribió para su compañía como partícipe de su empresa capitalista.

Las compañías no estaban dispuestas a vender sus obras a los editores, especialmente cuando las obras eran todavía populares y estaban en el repertorio. Sin embargo, en determinados momentos, las compañías pueden verse obligadas a hacerlo: cuando una compañía se disuelve o cuando se ve obligada a permanecer inactiva por las visitas de la peste o cuando las obras dejan de ser actuales.

Hay que tener en cuenta que las compañías eran propietarias de las obras; los autores individuales no tenían derechos de propiedad intelectual una vez que las obras se habían vendido a los actores.

Estas obras solían publicarse en formato quarto, es decir, impresas en ambas caras de grandes hojas de papel con cuatro páginas impresas en cada lado. Cuando el pliego se doblaba dos veces y se encuadernaba, daba ocho páginas impresas a cada "reunión". Unas pocas obras se imprimían en octavo, con el pliego doblado tres veces y 16 páginas impresas más pequeñas para cada reunión.

La mitad de las obras de William Shakespeare se imprimieron en cuarto (al menos una en octavo) durante su vida. En ocasiones, una obra se publicaba en un volumen aparentemente no autorizado, es decir, que no había sido vendido regularmente por la compañía al editor. La compañía de teatro podía entonces encargar su propia versión autorizada.

La portada del cuarto de ROMEO Y JULIETA (1599), conocida hoy como el segundo cuarto, declara que está "Nuevamente corregida, aumentada y enmendada, tal como ha sido representada públicamente varias veces por el Muy Honorable Lord Chambelán, sus servidores". El segundo cuarto de Hamlet (1604-1605) se anuncia igualmente como "Nuevamente impreso y ampliado hasta casi lo que era, según la copia verdadera y perfecta".

De hecho, el primer cuarto de HAMLET (1603) es considerablemente más corto que el segundo, y al primer cuarto de ROMEO Y JULIETA le faltan unas 800 líneas que se encuentran en su sucesor. Ambos contienen lo que parecen ser erratas u otros errores que luego se corrigen en el segundo cuarto. El primer cuarto de TRABAJOS DE AMOR PERDIDOS (1598) se presenta como "Nuevamente corregido y aumentado", lo que implica quizás que también corrige una versión anterior no autorizada de la obra, aunque hoy no se conoce ninguna.

La situación de estas y otras ediciones aparentemente no autorizadas es muy debatida hoy en día. La opinión más antigua de A.W. Pollard, W.W. Greg, Fredson Bowers y otros practicantes de la llamada Nueva Bibliografía considera en general que estos textos son sospechosos y tal vez pirateados, ya sea por visitantes sin escrúpulos del teatro o por actores menores que participaron en la representación y a los que luego se les pagó por reconstruir las obras de memoria. Los textos no autorizados contienen elementos que parecen obra de testigos o actores (y son valiosos por ello). En algunos casos, el texto no autorizado está notablemente más cerca del texto autorizado cuando ciertos actores menores están en escena que en otros momentos, lo que sugiere que estos actores pueden haber participado en una reconstrucción de memoria. Las obras Enrique VI, 2ª parte, y Enrique VI, 3ª parte, aparecieron originalmente en versiones más cortas que pueden haber sido reconstruidas memorísticamente por los actores.

Una escuela revisionista de la crítica textual que se impuso a finales del siglo XX sostenía que estos textos podían ser versiones anteriores con su propia lógica teatral y que debían considerarse como parte de un proceso teatral por el que las obras evolucionaban en el escenario. Ciertamente, la situación varía de un cuarto a otro y, sin duda, los cuartos no autorizados son valiosos para la comprensión de la historia escénica.

Varios años después de la muerte de William Shakespeare, en 1616, sus colegas de los Hombres del Rey, John Heminge y Henry Condell, emprendieron la recopilación de una edición.

Apareció en 1623 como COMEDIAS, HISTORIAS Y
TRAGEDIAS DEL SR. WILLIAM SHAKESPEARE, PUBLICADAS
SEGÚN LAS VERDADERAS COPIAS ORIGINALES. No
contenía los poemas y dejaba fuera PERICLES por ser
quizás de autoría incierta. Tampoco incluía LOS DOS
NOBLES PARIENTES, EDUARDO III, la parte de EL LIBRO DE
SIR TOMÁS MORO a la que puede haber contribuido
Shakespeare, ni el CARDENIO que Shakespeare parece
haber escrito con John Fletcher y que puede haber
servido de base para la DOBLE FALSEDAD de Lewis
Theobald en 1727. No obstante, incluye 36 obras, la mitad
de las cuales aparecen impresas por primera vez.

Heminge y Condell tuvieron la pesada tarea de elegir qué
materiales presentar a la imprenta, ya que tenían a mano
varios manuscritos de autor, otros documentos que
habían servido como libros de ensayo para la
representación (estos eran especialmente valiosos ya que
llevaban la licencia para la representación), y unas 18
obras de teatro que habían aparecido impresas.

La erudición textual descubrió muchas cosas después de
que Heminge y Condell hicieran su trabajo original, y el
resultado fue una considerable revisión de lo que llegó a
considerarse la mejor elección del texto original a partir
del cual debía trabajar un editor. En las obras publicadas
tanto en formato folio como quarto (u octavo), la tarea de
elegir era inmensamente complicada.

El Rey Lear se convirtió especialmente en un campo de
batalla crítico en el que los editores defendían la

superioridad de diversas características del texto de 1608 en cuarto o en folio. Los dos difieren sustancialmente y deben representar diferentes etapas de composición y de puesta en escena, por lo que ambos son pertinentes para comprender la historia textual y teatral de la obra.

Lo mismo ocurre con Hamlet, con su cuarto no autorizado de 1603, su cuarto corregido de 1604-1605 y el texto en folio, todos ellos muy diferentes entre sí. Otras obras en las que la relación textual entre el cuarto y el folio es muy problemática son TROILO Y CRÉSIDA, OTELO, ENRIQUE IV, 2ª PARTE, Enrique VI, 1ª parte y ENRIQUE VI, 2ª PARTE, LAS ALEGRES COMADRES DE WINDSOR, ENRIQUE V y EL SUEÑO DE UNA NOCHE DE VERANO. La mayoría de los casos en los que hay originales en cuarto y en folio son problemáticos de alguna manera interesante.

Las situaciones individuales son demasiado complejas para ser descritas aquí, pero la información está fácilmente disponible en las ediciones críticas de las obras y poemas de Shakespeare, especialmente en THE OXFORD SHAKESPEARE, en una edición recopilada y en ediciones críticas individuales; THE NEW CAMBRIDGE SHAKESPEARE; y la tercera serie de THE ARDEN SHAKESPEAR

Obras y poemas de Shakespeare

Las obras de William Shakespeare. Por Sir John Gilbert, 1849

Las primeras obras

William Shakespeare llegó a Londres probablemente a finales de la década de 1580. Tenía unos 20 años. No se sabe cómo se inició en el teatro ni para qué compañías de actores escribió sus primeras obras, que no son fáciles de fechar.

Estas obras, que indican una época de aprendizaje, muestran una deuda más directa con los dramaturgos londinenses de la década de 1580 y con los ejemplos clásicos que sus obras posteriores. Aprendió mucho sobre la escritura de obras imitando los éxitos del teatro londinense, como podría hacer cualquier joven poeta y dramaturgo en ciernes.

Tito Andrónico

TITO ANDRÓNICO (c. 1589-1592) es un ejemplo de ello. Como primera tragedia completa de Shakespeare, debe gran parte de su tema, estructura y lenguaje a LA TRAGEDIA ESPAÑOLA DE Thomas Kyd, que tuvo un gran éxito a finales de la década de 1580.

Kyd había dado con la fórmula de adoptar la dramaturgia de Séneca (el joven), el gran filósofo y estadista estoico, a las necesidades de un floreciente nuevo teatro londinense. El resultado fue la tragedia de la venganza, un género de asombroso éxito que se reprodujo en HAMLET y en muchas otras obras de venganza.

William Shakespeare también tomó prestada una hoja de su gran contemporáneo Christopher Marlowe. El protagonista de EL JUDÍO DE MALTA de Marlowe, Barrabás, puede haber inspirado a Shakespeare en su representación del villano Aarón el Moro en TITO ANDRÓNICO, aunque también disponía de otras figuras del vicio.

El modelo senequista ofreció a Kyd, y luego a Shakespeare, una historia de venganza sangrienta, ocasionada originalmente por el asesinato o la violación de una persona cuyos parientes cercanos (padres, hijos, hermanos) están obligados por un juramento sagrado a vengar la atrocidad. El vengador debe proceder con cautela, ya que su adversario es astuto, sigiloso y despiadado.

El vengador se vuelve loco o finge locura para encubrir su intención. Él mismo se vuelve cada vez más despiadado a medida que avanza hacia su objetivo de venganza. Al mismo tiempo, se muestra dubitativo, ya que está profundamente angustiado por consideraciones éticas. La ética de la venganza se opone a la de la indulgencia cristiana.

El vengador puede ver el espíritu de la persona cuya muerte injusta debe vengar. Para lograr sus objetivos, emplea el recurso de una obra de teatro dentro de la obra. La obra termina con un baño de sangre y la reivindicación del vengador. Este modelo es evidente en la historia de Tito Andrónico, cuyos hijos son masacrados y cuya hija es violada y mutilada, así como en la historia de Hamlet y otras más.

Las primeras comedias románticas

Aparte de TITO ANDRÓNICO, Shakespeare no experimentó con la tragedia formal en sus primeros años. (Aunque sus obras de historia inglesa de esta época representaban acontecimientos trágicos, su tema se centraba en otra cosa). El joven dramaturgo se inclinó más rápidamente por la comedia, y con un éxito más inmediato. Para ello, sus modelos son los dramaturgos Robert Greene y John Lyly, junto con Thomas Nashe.

El resultado es un género reconocible y distintivo de Shakespeare, aunque haya aprendido mucho de Greene y Lyly: la comedia romántica. Al igual que en las obras de sus modelos, las primeras comedias de Shakespeare se deleitan con historias de cortejo amoroso en las que una joven valiente y admirable (interpretada por un actor masculino) se enfrenta a su pretendiente.

Julia, una de las dos jóvenes heroínas de Los dos caballeros de Verona (c. 1590-1594), se disfraza de hombre para seguir a su amante, Proteo, cuando éste es enviado de Verona a Milán. Proteus (apropiadamente llamado así por el cambiante Proteus del mito griego), descubre que está prestando demasiada atención a Sylvia, la amada del mejor amigo de Proteus, Valentine.

Así, el amor y la amistad se disputan la lealtad dividida del hombre descarriado, hasta que la generosidad de su amigo y, sobre todo, la casta y duradera lealtad de las dos mujeres hacen entrar en razón a Proteo. El motivo de la mujer joven disfrazada de hombre resultó ser muy valioso para Shakespeare en las siguientes comedias románticas, como El MERCADER DE VENECIA, COMO GUSTÉIS y NOCHE DE REYES. Como suele ocurrir con Shakespeare, extrajo lo esencial de su trama de una fuente narrativa, en este caso un largo romance en prosa español, la DIANA de Jorge de Montemayor.

La primera comedia de inspiración clásica de William Shakespeare es La comedia de las equivocaciones (c. 1589-1594). En ella se inspiró especialmente en la obra de farsa de Plauto llamada los MENAECHMI (GEMELOS). La historia de un gemelo (Antífolo) que busca a su hermano perdido, acompañado por un astuto criado (Dromio) cuyo gemelo también ha desaparecido, da lugar a una farsa de identidades equivocadas que también explora reflexivamente cuestiones de identidad y autoconocimiento.

Las jóvenes de la obra, una de ellas la esposa de Antífolo de Éfeso (Adriana) y la otra su hermana (Luciana), entablan un significativo diálogo sobre cuestiones de obediencia y autonomía de la esposa. El matrimonio resuelve estas dificultades al final, como es habitual en la comedia romántica de Shakespeare, pero no antes de que las complicaciones de la trama hayan puesto a prueba la necesidad de los personajes de saber quiénes son y qué deben esperar los hombres y las mujeres unos de otros.

La primera comedia romántica de Shakespeare que más debe a John Lyly es Trabajos de amor perdidos (c. 1588-1597), una obra ambientada en el país de nunca jamás de

Navarra, donde el rey y sus acompañantes reciben la visita de la princesa de Francia y sus damas de compañía en una misión diplomática que pronto se convierte en un juego de cortejo.

Como suele ocurrir en las comedias románticas de Shakespeare, las jóvenes están seguras de quiénes son y con quiénes pretenden casarse; no se puede asegurar que se enamoren realmente, ya que empiezan por saber lo que quieren.

Los jóvenes, por el contrario, se desploman en sus cómicos e inútiles intentos de evitar el amor romántico en favor de actividades más serias. Perjuran, se avergüenzan y se rebajan, y finalmente las mujeres les perdonan sus locuras.

William Shakespeare retrata con brillantez la incomodidad masculina y la seguridad en sí misma de la mujer al explorar el traicionero pero deseable mundo de la atracción sexual, mientras que la gimnasia verbal de la obra enfatiza la maravilla y la deliciosa tontería del enamoramiento.

En La fierecilla domada (c. 1590-1594), William Shakespeare emplea un recurso de trama múltiple que se convertirá en una característica habitual de sus comedias románticas. En una de las tramas, derivada de I SUPPOSITI (SUPUESTOS) de Ludovico Ariosto, traducida al inglés por George Gascoigne, una joven (Bianca) mantiene un arriesgado noviazgo con un joven que parece ser un tutor, para consternación de su padre, que espera casarla con un rico pretendiente de su elección. Al final, la confusión de identidades se aclara, estableciendo que el presunto tutor es Lucentio, rico y bastante adecuado. Al mismo tiempo, Kate, la hermana arpía de Bianca, denuncia (y aterroriza) a todos los hombres. Los pretendientes de Bianca encargan al seguro de sí mismo Petruchio que persiga a Kate para que Bianca, la hermana menor, quede libre para casarse.

La trama de la domesticación de la esposa se basa en la tradición de cuentos y baladas en los que los hombres aseguran su ascendencia en la relación matrimonial golpeando a sus esposas para que se sometan.

William Shakespeare transforma este material crudo y antifeminista en un estudio de la lucha por el dominio en la relación matrimonial. Y, aunque en esta obra opta por el triunfo del hombre sobre la mujer, otorga a Kate un sentido del humor que le permite ver cómo debe jugar el juego en su propio beneficio. Podría decirse que al final es feliz con una relación basada en el ingenio y el compañerismo, mientras que su hermana Bianca resulta ser simplemente una consentida.

Las primeras historias

En las exploraciones de Shakespeare de la historia inglesa, como en la comedia romántica, puso su marca distintiva en un género y lo hizo suyo. El género era, además, inusual. Todavía no existía una definición de obra de teatro histórica inglesa, y no había reglas estéticas en cuanto a su configuración. El mundo clásico antiguo había reconocido dos grandes categorías de género, la comedia y la tragedia.

Aristóteles y otros críticos, entre ellos Horacio, habían desarrollado, a lo largo de los siglos, definiciones clásicas. La tragedia se ocupaba de las vidas desastrosas de grandes personajes, se escribía en verso elevado y tomaba como escenario un mundo mitológico y antiguo de dioses y héroes: Agamenón, Teseo, Edipo, Medea y los demás. La piedad y el terror eran las respuestas emocionales predominantes en unas obras que trataban de comprender, aunque fuera imperfectamente, la voluntad de los dioses supremos.

La comedia clásica, por el contrario, dramatizaba lo cotidiano. Sus personajes principales eran los ciudadanos de Atenas y Roma: amos de casa, cortesanos, esclavos, sinvergüenzas, etc. El humor era inmediato, contemporáneo, actual; el escarnio era satírico, incluso salvaje.

Se invitó al público a contemplar representaciones miméticas de su propia vida cotidiana y a reírse de la codicia y la locura.

La obra de teatro de historia inglesa no tenía esa estructura teórica ideal. Era una invención existencial: el tratamiento dramático de la historia inglesa reciente. Podía ser trágica o cómica o, más comúnmente, un híbrido. La lista de posibilidades genéricas de Polonio capta el ridículo potencial de las interminables hibridaciones: "tragedia, comedia, historia, pastoral, pastoral-cómica, histórico-pastoral, trágico-histórico, trágico-cómico-histórico-pastoral", etc. (HAMLET, acto II, escena 2, líneas 397-399). (Por "pastoral", Polonio se refiere presumiblemente a una obra basada en romances que hablan de los pastores y la vida rural, en contraste con las corrupciones de la ciudad y la corte).

Las obras de historia de Shakespeare tuvieron tanto éxito en el teatro londinense de la década de 1590 que los editores de las obras completas de Shakespeare, en 1623, optaron por agrupar su producción dramática en tres apartados: comedias, historias y tragedias. El género se impuso por la fuerza de su convincente popularidad.

William Shakespeare, en 1590 o alrededor de esa fecha, sólo tenía un modelo viable para la obra de teatro histórica inglesa, un drama anónimo y extenso llamado LAS FAMOSAS VICTORIAS DE ENRIQUE V (1583-1588) que narraba la saga del hijo de Enrique IV, el príncipe Hal, desde los días de su rebelión adolescente hasta su victoria sobre los franceses en la batalla de Agincourt en 1415, es decir, el material que Shakespeare utilizaría más tarde para escribir tres grandes obras, ENRIQUE IV, PRIMERA PARTE; ENRIQUE IV, SEGUNDA PARTE; y Enrique V.

William Shakespeare eligió no empezar con el príncipe Hal, sino con la historia más reciente del reinado del hijo de Enrique V, Enrique VI, y con las guerras civiles que supusieron el derrocamiento de Enrique VI por parte de Eduardo IV y la llegada al poder en 1483 de Ricardo III.

Este material resultó ser tan rico en temas y conflictos dramáticos que escribió cuatro obras sobre él, una "tetralogía" que se extiende desde ENRIQUE VI en tres partes (c. 1589-1593) hasta Ricardo III (c. 1592-1594).

Estas obras tuvieron un éxito inmediato. Las referencias contemporáneas indican que el público de principios de la década de 1590 se entusiasmó con la historia (en ENRIQUE VI, PARTE 1) del valiente Lord Talbot luchando en Francia contra la bruja Juana de Arco y su amante, el Delfín francés, pero siendo socavado en su esfuerzo heroico por el afeminamiento y la corrupción en casa.

El propio Enrique VI es, tal y como lo retrata William Shakespeare, un rey débil, elevado a la realeza por la temprana muerte de su padre, incapaz de controlar el faccionalismo en su corte y enervado personalmente por su enamoramiento de una peligrosa francesa, Margarita de Anjou.

Enrique VI es cornudo por su esposa y su amante, el duque de Suffolk, y (en ENRIQUE VI, PARTE 2) se muestra incapaz de defender a su virtuoso tío, el duque de Gloucester, contra enemigos oportunistas.

El resultado es el malestar civil, la rebelión de las clases bajas (liderada por Jack Cade) y, finalmente, la guerra civil total entre la facción lancasteriana, nominalmente encabezada por Enrique VI, y los reclamantes yorkinos bajo el liderazgo de Eduardo IV y sus hermanos. RICARDO III completa la saga con el relato del nefasto ascenso de Ricardo de Gloucester mediante el asesinato de su hermano el duque de Clarence y de los dos hijos de Eduardo IV, que también eran sobrinos de Ricardo.

El tiránico reinado de Ricardo cede, final e inevitablemente, al más reciente y exitoso pretendiente al trono, Enrique Tudor, conde de Richmond. Este es el hombre que se convierte en Enrique VII, vástago de la dinastía Tudor y abuelo de la reina Isabel I, que reinó de 1558 a 1603 y, por tanto, durante toda la primera década y más de la productiva carrera de Shakespeare.

La obra de historia inglesa de Shakespeare narraba la historia del país en un momento en que la nación inglesa luchaba con su propio sentido de la identidad nacional y experimentaba una nueva sensación de poder. La reina Isabel había aportado estabilidad y una relativa ausencia de guerras en sus décadas de gobierno. Había mantenido a raya a las potencias católicas del continente, especialmente a Felipe II de España, y, con la ayuda de una tormenta en el mar, había rechazado los intentos de Felipe de invadir su reino con la gran Armada española de 1588.

En Inglaterra, el triunfo de la nación era visto universalmente como una liberación divina. La segunda edición de las CRÓNICAS de Holinshed estaba a mano como una amplia fuente para la dramaturgia histórica de Shakespeare. También celebraba el surgimiento de Inglaterra como una gran potencia protestante, dirigida por un monarca popular y astuto.

Desde la perspectiva de la década de 1590, la historia del siglo XV también parecía nuevamente pertinente. Inglaterra había salido de una terrible guerra civil en 1485, con la victoria de Enrique Tudor sobre Ricardo III en la batalla de Bosworth Field. Los principales personajes de estas guerras, conocidas como las Guerras de las Rosas - Enrique Tudor, Ricardo III, el duque de Buckingham, Hastings, Rivers, Gray y muchos más- eran muy familiares para los lectores ingleses contemporáneos.

Debido a que estas obras históricas de William Shakespeare de principios de la década de 1590 estaban tan empeñadas en contar la saga de la nación emergente, muestran una fuerte tendencia a identificar a los villanos y a los héroes. Shakespeare escribe obras de teatro, no textos escolares, y altera libremente las fechas, los hechos y los énfasis. Lord Talbot en Enrique VI, PARTE 1, es un héroe porque muere defendiendo los intereses ingleses contra los corruptos franceses. En Enrique VI, Parte 2, Humphrey, duque de Gloucester, es eliminado por los oportunistas porque representa los mejores intereses de los plebeyos y de la nación en su conjunto.

Por encima de todo, Ricardo de Gloucester se presenta como un villano que personifica los peores rasgos de un siglo caótico de luchas civiles. Fomenta las luchas, las mentiras y los asesinatos y hace promesas escandalosas que no tiene intención de cumplir. Es una figura brillantemente teatral por su inventiva y astucia, pero también es profundamente amenazante.

Shakespeare le atribuye todos los defectos que la tradición popular imaginaba: un jorobado, un ojo torvo y brillante, un genio conspirador. Parece que el verdadero Ricardo no era un villano; al menos, sus asesinatos de inspiración política no fueron peores que la eliminación sistemática de toda oposición por parte de su sucesor, el histórico Enrique VII.

La diferencia es que Enrique VII vivió para encargar a los historiadores que cuenten la historia a su manera, mientras que Ricardo lo perdió todo con la derrota. Como fundador de la dinastía Tudor y abuelo de la reina Isabel, Enrique VII podía imponer un respeto que incluso Shakespeare estaba obligado a honrar, y en consecuencia, el Enrique Tudor que retrata al final de RICARDO III es un patriota temeroso de Dios y un amante esposo de la princesa yorkista que va a dar a luz a la siguiente generación de monarcas Tudor.

RICARDO III es una obra tremenda, tanto por su extensión como por la bravura de su protagonista. En su portada original se la califica de tragedia, al igual que otras de estas primeras obras históricas inglesas. Ciertamente, nos presentan muertes brutales y caídas instructivas de grandes hombres desde posiciones de alta autoridad hasta la degradación y la miseria.

Sin embargo, estas obras no son tragedias en el sentido clásico del término. Contienen mucho más, y en particular terminan en una clave importante: la llegada al poder de la dinastía Tudor que dará a Inglaterra sus grandes años bajo Isabel.

La línea de la historia es de sufrimiento y de salvación final, de liberación por parte de las poderosas fuerzas de la historia y de la supervisión divina que no permitirá que Inglaterra siga sufriendo una vez que haya vuelto al verdadero camino del deber y la decencia. En este importante sentido, las primeras obras de historia son como tragicomedias o romances.

Poemas de William Shakespeare

Parece que William Shakespeare quería ser poeta tanto como quería triunfar en el teatro. Sus obras están maravillosa y poéticamente escritas, a menudo en verso blanco. Y cuando experimentó una pausa en su carrera teatral hacia 1592-1594, ya que la peste había cerrado gran parte de la actividad teatral, escribió poemas.

VENUS Y ADONIS (1593) y La VIOLACIÓN DE LUCRECIA (1594) son las únicas obras que William Shakespeare parece haber guiado a través del proceso de impresión. Ambas deben mucho a Ovidio, el poeta clásico cuyos escritos Shakespeare encontró repetidamente en la escuela. Estos dos poemas son las únicas obras para las que escribió prólogos con dedicatorias. Ambos están dirigidos a Henry Wriothesley, conde de Southampton.

Este joven, favorito en la corte, parece haber animado a Shakespeare y haberle servido de padrino al menos durante un breve tiempo. La dedicatoria del segundo poema es mucho más cálida que la del primero. Una tradición poco fiable supone que Southampton dio a Shakespeare la participación que necesitaba para entrar en la recién creada compañía de actores de Lord Chamberlain en 1594.

William Shakespeare se convirtió en un actor-accionista, uno de los propietarios en una empresa capitalista que compartía los riesgos y las ganancias entre ellos. Esta empresa tuvo un éxito brillante; Shakespeare y sus colegas, entre los que se encontraban Richard Burbage,

John Heminge, Henry Condell y Will Sly, se enriquecieron con sus representaciones dramáticas.

Es posible que William Shakespeare también escribiera al menos algunos de sus sonetos a Southampton, comenzando en estos mismos años de 1593-1594 y continuando a lo largo de la década y posteriormente. La cuestión de la base autobiográfica de los sonetos es muy debatida, pero Southampton al menos encaja en el retrato de un joven caballero al que se le insta a casarse y formar una familia. (La familia de Southampton estaba deseosa de que hiciera precisamente esto).

Es más difícil determinar si el relato de una relación fuerte y amorosa entre el poeta y su amigo caballero es autobiográfico. Como narración, la secuencia de sonetos habla de un fuerte apego, de celos, de dolor por la separación, de alegría por estar juntos y compartir bellas experiencias. El énfasis en la importancia de la poesía como forma de eternizar los logros humanos y de crear un recuerdo duradero para el propio poeta es apropiado para una amistad entre un poeta de modesta posición social y un amigo de mejor cuna.

Cuando la secuencia de sonetos presenta a la llamada "Dama Oscura", la narración se convierte en una historia de celos dolorosos y destructivos. Los estudiosos desconocen el orden en que se compusieron los sonetos, ya que parece que Shakespeare no participó en su publicación, pero no se ha propuesto otro orden que el de la publicación y, tal y como están los sonetos, cuentan una historia coherente e inquietante.

El poeta vive el sexo como algo que le llena de repulsión y remordimiento, al menos en las circunstancias lujuriosas en las que lo encuentra. Su apego al joven es una relación amorosa que le sostiene a veces más que el amor de la Dama Oscura, y sin embargo esta amistad amorosa también condena al poeta a la decepción y al odio a sí mismo. Independientemente de que la secuencia refleje alguna circunstancia de la vida personal de Shakespeare, lo cierto es que está contada con una inmediatez y una fuerza dramática que revelan un extraordinario don para ver el corazón humano y sus penas.

Las comedias románticas de William Shakespeare

En la segunda mitad de la década de 1590, William Shakespeare perfeccionó el género de la comedia romántica que había contribuido a inventar. El sueño de una noche de verano (c. 1595-9156), una de las obras más exitosas de Tall, muestra el tipo de trama múltiple que había practicado en LA FIERECILLA DOMADA y otras comedias anteriores.

La trama general es la del duque Teseo de Atenas y su inminente matrimonio con una guerrera amazona, Hipólita, a la que Teseo ha conquistado recientemente y ha llevado de vuelta a Atenas para que sea su novia. Su matrimonio pone fin a la obra. Comparten esta ceremonia final con los cuatro jóvenes amantes Hermia y Lisandro, Helena y Demetrio, que han huido al bosque cercano para escapar de la ley ateniense y perseguirse mutuamente, donde se ven sometidos a una complicada serie de confusiones.

Al final, todo se arregla gracias a la magia de las hadas, aunque éstas no dejan de estar en conflicto. Oberón, rey de las hadas, discute con su reina Titania por un niño mestizo y la castiga haciendo que se enamore de un artesano ateniense que lleva una cabeza de asno. Los artesanos se encuentran en el bosque para ensayar una obra de teatro para la próxima boda de Teseo e Hipólita. De este modo, cuatro líneas o tramas distintas interactúan entre sí. A pesar de la brevedad de la obra, es una obra maestra de construcción artística.

El uso de múltiples tramas favorece un tratamiento variado de la experiencia del amor. Para las dos jóvenes parejas humanas, el enamoramiento es bastante arriesgado; la antigua amistad entre las dos jóvenes se ve amenazada y casi destruida por las rivalidades del encuentro heterosexual.

La eventual transición al matrimonio heterosexual les parece un proceso de sueño, incluso de pesadilla, del que emergen milagrosamente restaurados a su mejor yo. Mientras tanto, la lucha conyugal de Oberón y Titania es, más inquietante, una lucha en la que la mujer es humillada hasta que se somete a la voluntad de su marido.

Asimismo, Hipólita es una reina guerrera amazona que ha tenido que someterse a la autoridad de un marido. Padres e hijas no dejan de estar enfrentados hasta que, como en un sueño, todo se resuelve gracias a la magia de Puck y Oberón. El amor es, ambivalentemente, tanto una relación ideal duradera como una lucha por el dominio en la que el varón lleva la delantera.

El mercader de Venecia (c. 1596-1597) utiliza una estructura argumental doble para contrastar una historia de cortejo romántico con otra que se acerca a la tragedia. Porcia es un buen ejemplo de heroína romántica en las comedias de madurez de Shakespeare: es ingeniosa, rica, exigente en lo que espera de los hombres y experta en ponerse un disfraz masculino para hacer sentir su presencia. Es lealmente obediente a la voluntad de su padre y, sin embargo, está decidida a tener a Bassanio. Resuelve triunfalmente los turbios asuntos legales de Venecia cuando todos los hombres han fracasado. Shylock, el prestamista judío, está a punto de exigir una libra de carne al amigo de Bassanio, Antonio, como pago por un préstamo perdido. Portia le frustra en su intento de una manera tan inteligente como tímida.

La simpatía está difícilmente equilibrada en el retrato que Shakespeare hace de Shylock, perseguido por sus oponentes cristianos y demasiado dispuesto a exigir el ojo por ojo según la ley antigua. Al final, Portia triunfa, no sólo con Shylock en el tribunal, sino en su matrimonio con Bassanio.

Mucho ruido y pocas nueces (c. 1598-1599) vuelve a tratar el tema de las luchas de poder en el cortejo, de nuevo en una trama doble y reveladora. La joven heroína de la historia más convencional, derivada de la ficción italianizante, es cortejada por un respetable joven aristócrata llamado Claudio que ha ganado sus espuelas y ahora considera que es su agradable deber tomar una esposa.

Sabe tan poco sobre Hero (como se la llama) que cree crédulamente en las pruebas inventadas por el villano de la obra, Don Juan, de que ella ha tenido muchos amantes, incluido uno en la noche anterior a la boda prevista. Otros hombres también, incluyendo el oficial superior de

Claudio, Don Pedro, y el padre de Hero, Leonato, están demasiado dispuestos a creer la calumniosa acusación. Sólo las circunstancias cómicas rescatan a Hero de sus acusadores y revelan a los hombres que han sido unos tontos. Mientras tanto, la prima de Hero, Beatrice, encuentra difícil superar su escepticismo sobre los hombres, incluso cuando es cortejada por Benedick, que también es un escéptico sobre el matrimonio.

En este caso, las barreras para el entendimiento romántico son internas y psicológicas y deben ser derrotadas por el buen humor de sus amigos, que ven que Beatrice y Benedick están realmente hechos el uno para el otro en su ingenio y candor si sólo pueden superar su miedo a ser burlados por el otro. En lo que podría considerarse una brillante reescritura de LA FIERECILLA DOMADA, la ingeniosa batalla de sexos no es menos divertida y complicada, pero el acomodo final encuentra algo mucho más cercano al respeto mutuo y la igualdad entre hombres y mujeres.

Rosalinda, en Como gustéis (c. 1598-1600), hace uso del ya conocido recurso de disfrazarse de joven para perseguir los fines de promover una relación rica y sustancial entre los sexos. Como en otras de estas obras, Rosalind es más estable y madura emocionalmente que su joven, Orlando.

Orlando carece de educación formal y es todo asperezas, aunque fundamentalmente decente y atractiva. Es la hija del duque desterrado que se ve obligada, a su vez, a ir al destierro con su querida prima Celia y el tonto de la corte, Touchstone. Aunque el disfraz masculino de Rosalind es al principio un medio de supervivencia en un bosque aparentemente inhóspito, pronto cumple una función más interesante. Como "Ganímedes", Rosalinda se hace amiga de Orlando, ofreciéndole consejo en los asuntos del amor. Orlando, muy necesitado de tales consejos, acepta de buen grado y procede a cortejar a su "Rosalinda" ("Ganímedes" interpretando a su propia persona) como si fuera realmente una mujer. Sus perspectivas irónicamente divertidas sobre las locuras del amor juvenil ayudan a matizar la postura "petrarquista", inflada y poco realista, de Orlando como joven amante que escribe poemas a su amante y los pega en los árboles.

Una vez que ha aprendido que el amor no es una fantasía de actitudes inventadas, Orlando está preparado para ser el marido de la joven real (en realidad un niño actor, por supuesto) que se le presenta como la transformada Ganímedes-Rosalinda.

Otros personajes de la obra contribuyen a la comprensión de la gloriosa locura del amor con sus diversas actitudes: Silvius, el enamorado de rostro pálido salido de un romance pastoral; Phoebe, la amante desdeñosa a la que adora; William, el campesino, y Audrey, la campesina; y, analizando y comentando todo tipo de locura humana imaginable, el payaso Touchstone y el viajero descontento Jaques.

Noche de Reyes (c. 1600-02) persigue un motivo similar de disfraz femenino. Viola, que ha sido arrojada a Iliria por un naufragio y se ha visto obligada a disfrazarse de joven para conseguir un puesto en la corte del duque Orsino, se enamora del duque y utiliza su disfraz como tapadera para un proceso educativo no muy diferente al que Rosalind le da a Orlando.

Orsino es el amante más irreal que se pueda imaginar; corteja infructuosamente a la condesa Olivia y parece contentarse con la improductiva melancolía amorosa en la que se revuelca. Sólo Viola, como "Cesario", es capaz de despertar en él un sentimiento genuino de amistad y amor.

Se convierten en compañeros inseparables y luego en aparentes rivales por la mano de Olivia, hasta que el cambio presto de la magia escénica de Shakespeare es capaz de devolver a "Cesario" sus ropas de mujer y presentar así a Orsino la mujer de carne y hueso que sólo ha imaginado de forma lejana.

El paso de la amistad entre personas del mismo sexo a la unión heterosexual es una constante en la comedia de Shakespeare. La mujer es la que se conoce a sí misma, es constante y leal; el hombre necesita aprender mucho de la mujer. Al igual que en otras obras, NOCHE DE REYES juega con este tema del cortejo con una segunda trama, la del autoengaño de Malvolio de que es deseado por Olivia, una ilusión que sólo puede abordarse mediante los recursos satíricos de la exposición y la humillación.

Las alegres comadres de Windsor (c. 1597-1601) es una interesante desviación de la habitual comedia romántica de Shakespeare, ya que no está ambientada en algún lugar lejano imaginado como Iliria o Belmont o el bosque de Atenas, sino en Windsor, un pueblo sólidamente burgués cerca del castillo de Windsor, en el corazón de Inglaterra.

Según una tradición incierta, la reina Isabel quería ver a Falstaff enamorado. Sin embargo, no hay mucho de romántico en el cortejo (la historia de Anne Page y su pretendiente Fenton queda enterrada en medio de tantos otros acontecimientos), pero la representación de las mujeres en la obra, y especialmente de las dos "alegres esposas", Mistress Alice Ford y Mistress Margaret Page, reafirma lo que a menudo es cierto de las mujeres en estas primeras obras, que son de buen corazón, castamente leales e ingeniosamente dueñas de sí mismas. Falstaff, un blanco adecuado para su astucia, es una figura de chivo expiatorio que debe ser humillado públicamente como una forma de transferir a él las debilidades humanas que la sociedad de Windsor desea eliminar.

Finalización de las Historias Inglesas

Al mismo tiempo que escribía estas bellas comedias románticas, Shakespeare también completó (al menos por el momento) su proyecto de escribir la historia inglesa del siglo XV.

Después de haber terminado en 1589-1594 la tetralogía sobre Enrique VI, Eduardo IV y Ricardo III, llevando la historia hasta 1485, y luego, hacia 1594-96, una obra sobre Juan que aborda un periodo cronológico (el siglo XIII) que lo diferencia bastante de sus otras obras de historia, Shakespeare se dedicó a finales del siglo XIV y principios del XV y a la crónica de Ricardo II, Enrique IV y el legendario hijo de Enrique, Enrique V.

Esta inversión del orden histórico en las dos tetralogías permitió a Shakespeare terminar su barrido de la historia inglesa de finales de la Edad Media con Enrique V, un rey héroe de una manera que Ricardo III nunca podría pretender ser.

Ricardo II (c. 1595-1596), escrita en verso blanco, es una obra sombría sobre el estancamiento político. No contiene casi nada de humor, salvo una escena irónica en la que el nuevo rey, Enrique IV, debe resolver las reclamaciones contrapuestas del duque de York y su duquesa, el primero de los cuales desea ver a su hijo Aumerle ejecutado por traición y la segunda suplica clemencia.

Enrique puede ser misericordioso en esta ocasión, ya que ha ganado la realeza, y así da a esta escena un movimiento optimista. Sin embargo, antes, el ambiente es sombrío. Ricardo, instalado a una edad temprana en la realeza, se muestra irresponsable como gobernante. Destierra injustamente a su propio primo hermano, Enrique Bolingbroke (que más tarde se convertirá en Enrique IV), mientras que el propio rey parece ser culpable de ordenar el asesinato de un tío.

Cuando Ricardo retiene el ducado de Lancaster a Bolingbroke sin la debida autorización legal, consigue alienar a muchos nobles y propiciar el regreso de Bolingbroke del exilio. Ese regreso también es ilegal, pero es un hecho, y, cuando varios de los nobles (incluido York) se pasan al lado de Bolingbroke, Ricardo se ve obligado a abdicar.

Los aciertos y errores de esta lucha por el poder son magistralmente ambiguos. La historia avanza sin ningún sentido de imperativo moral. Enrique IV es un gobernante más capaz, pero su autoridad se ve empañada por sus crímenes (incluyendo su aparente asentimiento a la ejecución de Ricardo), y su propia rebelión parece enseñar a los barones a rebelarse contra él a su vez. Enrique acaba muriendo como un hombre decepcionado.

El moribundo rey Enrique IV debe entregar la autoridad real al joven Hal, o Enrique, ahora Enrique V. La perspectiva es desalentadora tanto para el rey moribundo como para los miembros de su corte, ya que el príncipe

Hal se ha distinguido hasta ese momento principalmente por su afición a estar en compañía del desprestigiado aunque simpático Falstaff.

Los intentos de reconciliación del hijo con el padre tienen éxito temporalmente, especialmente cuando Hal salva la vida de su padre en la batalla de Shrewsbury, pero (especialmente en ENRIQUE IV, PARTE 2) su reputación de derrochador no le abandonará. Todos esperan de él un reinado de licencias irresponsables, con Falstaff en una posición influyente. Es por estas razones que el joven rey debe repudiar públicamente a su antiguo compañero de taberna y de carretera, por mucho que ese repudio le tire al corazón y al del público.

Falstaff, a pesar de su libertinaje e irresponsabilidad, es contagiosamente divertido y encantador; representa en Hal un espíritu de vitalidad juvenil que sólo se abandona con el mayor de los pesares cuando el joven asume la virilidad y el papel de príncipe heredero. Hal maneja todo esto con aplomo y llega a derrotar poderosamente a los franceses en la batalla de Agincourt. Incluso sus travesuras forman parte de lo que es tan atractivo en él. La madurez y la posición tienen un gran coste personal: Hal se convierte menos en un ser humano frágil y más en la figura de la autoridad real.

Así, en sus obras de la década de 1590, el joven William Shakespeare se concentró en gran medida en las comedias románticas y en las obras de historia inglesa. Los dos géneros se complementan muy bien: uno trata del cortejo y el matrimonio, mientras que el otro examina la carrera de un joven que crece para convertirse en un rey digno.

Sólo al final de las obras de historia tiene Enrique V algún tipo de relación romántica con una mujer, y este caso es bastante diferente a los cortejos de las comedias románticas: Hal recibe a la princesa de Francia como premio, su recompensa por su robusta hombría. El protagoniza la escena de cortejo en la que la invita a unirse a él en un matrimonio político. Tanto en las comedias románticas como en las obras de historia inglesas, un joven negocia con éxito los peligrosos y potencialmente gratificantes caminos de la maduración sexual y social.

Romeo y Julieta de William Shakespeare

Aparte de la temprana TITO ANDRÓNICO, la única otra obra que Shakespeare escribió antes de 1599 que se clasifica como tragedia es Romeo y Julieta (c. 1594-96), que es bastante atípica de las tragedias que van a seguir.

Escrita más o menos en la época en que Shakespeare escribía EL SUEÑO DE UNA NOCHE DE VERANO, ROMEO Y JULIETA comparte muchas de las características de la comedia romántica. Romeo y Julieta no son personas de rango o posición social extraordinaria, como Hamlet, Otelo, el Rey Lear y Macbeth.

Son el chico y la chica de al lado, interesantes no por sus ideas filosóficas, sino por su atractivo amor mutuo. Son tipos de personajes más adecuados para la comedia clásica, ya que no proceden de la clase alta. Sus familias ricas son esencialmente burguesas. El afán con el que Capuleto y su esposa cortejan al conde Paris como posible yerno pone de manifiesto su deseo de ascenso social.

Por ello, la primera mitad de ROMEO Y JULIETA es muy divertida, mientras que su deleite en las formas de verso nos recuerda a El SUEÑO DE UNA NOCHE DE VERANO. La chabacanería de Mercucio y de la enfermera se adapta muy bien a la textura cómica de las primeras escenas. Romeo, desventuradamente enamorado de una Rosalina a la que nunca conocemos, es una figura parcialmente cómica como Silvius en AS YOU LIKE IT. La valiente y autodidacta Julieta se parece mucho a las heroínas de las comedias románticas. Es capaz de instruir a Romeo en las formas de hablar con franqueza y sin afectación sobre su amor en lugar de las cadencias deshilachadas del cortejador petrarquista.

La obra es, en última instancia, una tragedia, por supuesto, y de hecho advierte a su público al principio que los amantes están "cruzados por las estrellas". Sin embargo, la visión trágica no es ni remotamente la de HAMLET o EL REY LEAR. Romeo y Julieta son jóvenes anodinos y simpáticos, condenados por un cúmulo de consideraciones ajenas a ellos mismos: la enemistad de sus dos familias, los malentendidos que impiden a Julieta poder decir a sus padres con quién se ha casado, e incluso las desafortunadas coincidencias (como el extravío de la carta enviada a Romeo para avisarle del plan del fraile para que Julieta se recupere de un sueño parecido al de la muerte).

Sin embargo, existe el elemento de responsabilidad personal sobre el que descansa la mayoría de las tragedias maduras cuando Romeo elige vengar la muerte de Mercutio matando a Tybalt, sabiendo que este acto deshará las suaves gracias de la indulgencia que Julieta le ha enseñado. Romeo sucumbe a la presión machista de sus compañeros masculinos, y la tragedia resulta en parte de esta elección.

Sin embargo, hay tantas cosas en juego que el lector acaba viendo ROMEO Y JULIETA como una tragedia de amor, que celebra la exquisita brevedad del amor juvenil, lamenta un mundo insensible y evoca una respuesta emocional diferente a la que producen las otras tragedias. Romeo y Julieta son, por fin, "pobres sacrificios de nuestra enemistad" (Acto V, escena 3, línea 304). La respuesta emocional que evoca la obra es fuerte, pero no se parece a la que provocan las tragedias posteriores a 1599.

Obras que implican problemas

Sean cuales sean sus razones, hacia 1599-1600 William Shakespeare se volcó con gran intensidad en la exploración de temas más oscuros como la venganza, los celos sexuales, la vejez, la crisis de la mediana edad y la muerte.

Tal vez William Shakespeare vio que su propia vida estaba entrando en una nueva fase de experiencias más complejas y enojosas. Tal vez sintió, o intuyó, que había superado la comedia romántica y el juego de la historia y las trayectorias emocionales de la maduración que abarcaban.

En cualquier caso, William Shakespeare comenzó a escribir no sólo sus grandes tragedias, sino un grupo de obras que son difíciles de clasificar en términos de género. A veces se las agrupa hoy como obras "problemáticas" o comedias "problemáticas". El examen de estas obras es crucial para comprender este periodo de transición que va de 1599 a 1605.

Las tres obras problemáticas de estos años son "Bien está lo que bien acaba", "MEDIDA POR MEDIDA" y "TROILO Y CRÉSIDA". Bien está lo que bien acaba es una comedia que termina con la aceptación del matrimonio, pero de un modo que plantea espinosas cuestiones éticas. El conde Bertram no puede aceptar inicialmente su matrimonio con Helena, una mujer de baja condición social que ha crecido en su noble casa y ha ganado a

Bertram como marido por su aparentemente milagrosa curación del rey francés.

La reticencia de Bertram a enfrentarse a las responsabilidades del matrimonio es aún más desalentadora cuando dirige sus intenciones amorosas hacia una doncella florentina, Diana, a la que desea seducir sin casarse.

La estratagema de Helena para resolver esta dificultad es el llamado truco de la cama, sustituyendo ella misma en la cama de Bertram la asignación acordada y luego pidiendo cuentas a su caprichoso marido cuando está embarazada de su hijo. Sus fines se consiguen por medios tan moralmente ambiguos que el matrimonio parece, en el mejor de los casos, una institución precaria en la que basar las presuntas garantías de la comedia romántica. El camino hacia la resolución y la madurez emocional no es fácil; Helena es una heroína más ambigua que Rosalind o Viola.

Medida por medida (c. 1603-1604) también emplea el truco de la cama, y con un propósito similar, aunque en circunstancias aún más turbias. Isabella, a punto de convertirse en monja, se entera de que ha atraído el deseo sexual de Lord Angelo, el vicegobernante de Viena que sirve en la misteriosa ausencia del Duque.

Su súplica a Angelo por la vida de su hermano, cuando éste (Claudio) ha sido condenado a muerte por fornicar con su prometida, se encuentra con la exigencia de que se acueste con Angelo o pierda la vida de Claudio. Este dilema ético se resuelve mediante un truco (ideado por el duque, disfrazado) para sustituir a Isabella por una mujer (Mariana) con la que Angelo debía casarse pero que rechazó al no poder presentar una dote. Las motivaciones del duque al manipular estas sustituciones y falsas apariencias no están claras, aunque podría decirse que su deseo es ver qué harán los distintos personajes de esta obra cuando se enfrenten a opciones aparentemente imposibles.

Angelo se revela como un hombre moralmente caído, un aspirante a seductor y asesino que, sin embargo, está arrepentido y, en última instancia, se alegra de que se le haya impedido llevar a cabo sus pretendidos crímenes; Claudio aprende que es lo suficientemente cobarde como para desear vivir por cualquier medio, incluido el chantaje emocional y físico de su hermana; e Isabella aprende que es capaz de sentir amargura y odio, aunque, de manera crucial, finalmente descubre que puede y debe perdonar a su enemigo.

Su caridad, y las estratagemas del Duque, hacen posible un final en el perdón y el matrimonio, pero en ese proceso la naturaleza y el significado del matrimonio son puestos a prueba severamente.

El reconstruido Globe Theatre en la orilla sur del Támesis en Londres

Troilo y Crésida (c. 1601-1602) es la más experimental y desconcertante de estas tres obras. Desde el punto de vista del género, es prácticamente inclasificable. Difícilmente puede ser una comedia, ya que termina con la muerte de Patroclo y Héctor y la inminente derrota de los troyanos. Tampoco el final es normativo en términos de comedia romántica: los amantes, Troilo y Crésida, están separados el uno del otro y amargados por el fracaso de su relación.

La obra es una obra de historia en cierto sentido, ya que trata de la gran guerra de Troya celebrada en la Ilíada de Homero, y sin embargo su propósito no es el de contar la historia de la guerra. Como tragedia, es desconcertante porque los principales personajes de la obra (aparte de Héctor) no mueren al final, y el ambiente es de desolación e incluso de asco, más que de catarsis trágica. Tal vez la obra deba considerarse una sátira; las observaciones coristas de Tersites y Pandarus sirven a lo largo de la obra como un comentario mordaz sobre la interconexión de la guerra y la lujuria.

Con la debida ambigüedad, la obra se situó en el Folio de 1623 entre las historias y las tragedias, en una categoría propia. Está claro que en estas obras problemáticas Shakespeare se abre a una serie de nuevos problemas en términos de género y sexualidad humana.

Julio César de William Shakespeare

Escrito en 1599 (el mismo año que ENRIQUE V) o en 1600, probablemente para la inauguración del Globe Theatre en la orilla sur del Támesis, Julio César ilustra de forma similar la transición en la escritura de Shakespeare hacia temas más oscuros y la tragedia.

También es una obra de historia en cierto sentido, ya que trata de una civilización no cristiana que existía 16 siglos antes de que Shakespeare escribiera sus obras. La historia romana le abrió a Shakespeare un mundo en el que el propósito divino no era fácil de determinar. Los personajes de Julio César interpretan de diversas maneras el gran acontecimiento del asesinato de César como un hecho en el que los dioses están enfadados o desinteresados o caprichosos o simplemente no están presentes. El sabio Cicerón observa: "Los hombres pueden interpretar las cosas a su manera, / limpios del propósito de las cosas mismas" (Acto I, escena 3, líneas 34-35).

La historia de la humanidad en Julio César parece seguir un patrón de ascenso y caída, de forma cíclica más que con un propósito divino. César disfruta de sus días de triunfo, hasta que es abatido por los conspiradores; Bruto y Casio alcanzan el poder, pero no por mucho tiempo. Los intentos de Bruto por proteger el republicanismo romano y la libertad de los ciudadanos de la ciudad para gobernarse a sí mismos a través de la tradición senatorial terminan en la destrucción de las mismas libertades que él más apreciaba. Él y Casio encuentran su destino en la batalla de Filipos.

Son figuras verdaderamente trágicas, especialmente Bruto, en el sentido de que sus caracteres esenciales son su destino; Bruto es un buen hombre, pero también orgulloso y obstinado, y estas últimas cualidades acaban provocando su muerte. La primera gran tragedia de Shakespeare tiene un espíritu romano y una noción clásica del carácter trágico. Muestra lo que Shakespeare tuvo que aprender de los precedentes clásicos cuando se puso a buscar modelos factibles en la tragedia.

Las Tragedias

Hamlet (c. 1599-1601), en cambio, opta por un modelo trágico más cercano al de TITO ANDRÓNICO y LA TRAGEDIA ESPAÑOLA de Kyd. En cuanto a la forma, HAMLET es una tragedia de venganza. Presenta características que también se encuentran en TITO: un protagonista encargado de vengar un crimen atroz contra la familia del protagonista, un antagonista astuto, la aparición del fantasma de la persona asesinada, el fingimiento de la locura para desviar las sospechas del villano, el juego dentro de la obra como medio de poner a prueba al villano, y aún más.

Sin embargo, buscar estas comparaciones es poner de relieve lo extraordinario de Hamlet, ya que se niega a ser simplemente una tragedia de venganza. El protagonista de Shakespeare es único en el género por sus escrúpulos morales y, sobre todo, por encontrar la manera de cumplir su temible mandato sin convertirse en un asesino a sangre fría.

Hamlet actúa de forma sangrienta, sobre todo cuando mata a Polonio, pensando que el anciano escondido en los aposentos de Gertrudis debe ser el rey al que Hamlet tiene que matar. El acto parece plausible y fuertemente motivado, y sin embargo Hamlet ve enseguida que se ha equivocado.

Ha matado al hombre equivocado, aunque Polonio se lo haya buscado con su incesante espionaje. Hamlet ve que ha ofendido al cielo y que tendrá que pagar por su acto.

Cuando, al final de la obra, Hamlet encuentra su destino en un duelo con Laertes, el hijo de Polonio, interpreta su propia historia trágica como una que la Providencia ha hecho significativa. Al ponerse en manos de la Providencia y creer devotamente que "Hay una divinidad que da forma a nuestros fines, / que los hace como queremos" (Acto V, escena 2, líneas 10-11), Hamlet se encuentra preparado para una muerte que ha anhelado. También encuentra la oportunidad de matar a Claudio casi sin premeditarlo, espontáneamente, como un acto de represalia por todo lo que Claudio ha hecho.

Hamlet encuentra así un sentido trágico en su propia historia. En términos más generales, también ha buscado el sentido en dilemas de todo tipo: el matrimonio exagerado de su madre, la débil voluntad de Ofelia que sucumbe a la voluntad de su padre y su hermano, su espionaje por parte de sus antiguos amigos Rosencrantz y Guildenstern, y mucho más.

Sus declaraciones son a menudo abatidas, implacablemente honestas y filosóficamente profundas, ya que reflexiona sobre la naturaleza de la amistad, la memoria, el apego romántico, el amor filial, la esclavitud sensual, los hábitos corruptores (la bebida, la lujuria sexual) y casi todas las fases de la experiencia humana.

Un aspecto destacable de las grandes tragedias de Shakespeare (Hamlet, Otelo, El Rey Lear, Macbeth y Antonio y Cleopatra sobre todo) es que recorren una gama tan asombrosa de emociones humanas, y especialmente las emociones propias de los años de madurez del ciclo humano.

Antonio y Cleopatra, escrita hacia 1606-1607, cuando Shakespeare tenía más o menos 42 años, estudia el estimulante pero a la postre desolador fenómeno de la crisis de la mediana edad. Shakespeare traslada a sus lectores a través de estas experiencias vitales mientras él mismo se esfuerza por captar, en forma trágica, sus terrores y desafíos.

Estas obras se ocupan profundamente de las relaciones domésticas y familiares. En Otelo, Desdémona es la única hija de Brabancio, un anciano senador de Venecia, que muere desconsolado porque su hija se ha fugado con un hombre de piel oscura que le lleva muchos años de ventaja y es de otra cultura.

Con Otelo, Desdémona es brevemente feliz, a pesar de su desobediencia filial, hasta que se despiertan en él unos terribles celos sexuales, sin más causa que sus propios miedos y su susceptibilidad a las insinuaciones de Iago de que es "natural" que Desdémona busque el placer erótico con un joven que comparte su origen.

Impulsado por su propio miedo y odio profundamente irracional hacia las mujeres y aparentemente desconfiado de su propia masculinidad, Iago sólo puede calmar su propio tormento interior persuadiendo a otros hombres como Otelo de que su destino inevitable es ser cornudo. Como tragedia, la obra ejemplifica hábilmente el modelo clásico tradicional de un hombre bueno llevado a la desgracia por la hamartia, o defecto trágico; como se lamenta Otelo, es alguien que "no ha amado sabiamente, sino demasiado bien" (Acto V, escena 2, línea 354). Sin embargo, hay que recordar que Shakespeare no debía ninguna lealtad a este modelo clásico.

Hamlet, por ejemplo, es una obra que no funciona bien en términos aristotélicos. La búsqueda de una hamartia aristotélica ha conducido con demasiada frecuencia al trillado argumento de que Hamlet sufre de melancolía y de una trágica incapacidad para actuar, mientras que una lectura más plausible de la obra sostiene que encontrar el curso de acción correcto es altamente problemático para él y para todos.

Hamlet ve ejemplos en todas partes de aquellos cuyas acciones directas conducen a errores fatales o a ironías absurdas (Laertes, Fortinbras), y de hecho su propio asesinato rápido del hombre que supone que es Claudio escondido en los aposentos de su madre resulta ser un error del que se da cuenta de que el cielo le pedirá cuentas.

Las hijas y los padres también están en el centro del principal dilema de El rey Lear. En esta configuración, Shakespeare hace lo que suele hacer en sus obras tardías: borrar a la esposa del cuadro, de modo que padre e hija(s) quedan a cargo del otro.

El destierro por parte de Lear de su hija favorita, Cordelia, debido a su lacónica negativa a proclamar el amor por él como esencia de su ser, acarrea a este envejecido rey el terrible castigo de ser menospreciado y rechazado por sus ingratas hijas, Goneril y Regan. Al mismo tiempo, en la segunda trama de la obra, el conde de Gloucester comete un error similar con su hijo de buen corazón, Edgar, y con ello se entrega a las manos de su intrigante hijo ilegítimo, Edmund. Estos dos ancianos padres descarriados acaban siendo alimentados por los hijos leales a los que han desterrado, pero no antes de que la obra haya puesto a prueba hasta su límite absoluto la proposición de que el mal puede florecer en un mundo malo.

Los dioses parecen indiferentes, tal vez ausentes por completo; las súplicas de ayuda a ellos no son escuchadas mientras la tormenta de la fortuna llueve sobre las cabezas de aquellos que han confiado en las piedades convencionales. Parte de la grandeza de esta obra es que su puesta a prueba de los personajes principales les obliga a buscar respuestas filosóficas que puedan armar el corazón resuelto contra la ingratitud y la desgracia al señalar constantemente que la vida no le debe nada a uno.

Los consuelos de la filosofía que Edgar y Cordelia han descubierto son aquellos que no dependen de los supuestos dioses, sino de una fuerza moral interior que exige que uno sea caritativo y honesto porque, de lo contrario, la vida es monstruosa e infrahumana. La obra exige un precio terrible a quienes perseveran en la bondad, pero les deja a ellos y al lector, o al público, con la seguridad de que es simplemente mejor ser una

Cordelia que ser una Goneril, ser un Edgar que ser un Edmund.

Macbeth es, en cierto modo, la tragedia más inquietante de Shakespeare, porque invita a examinar intensamente el corazón de un hombre bienintencionado en la mayoría de los aspectos, pero que descubre que no puede resistir la tentación de alcanzar el poder a cualquier precio.

Macbeth es una persona sensible, incluso poética, y como tal entiende con una claridad aterradora lo que está en juego en su contemplado acto de asesinato. Duncan es un rey virtuoso y su invitado. El acto es un regicidio y un asesinato y una violación de las obligaciones sagradas de la hospitalidad.

*Pity de William Blake, 1795, Tate Britain, es una
ilustración de dos símiles en Macbeth*

El único factor que pesa en el otro lado es la ambición personal, que Macbeth entiende como un fallo moral. La pregunta de por qué procede al asesinato se responde en parte por las insidiosas tentaciones de las tres Hermanas Extrañas, que perciben la vulnerabilidad de Macbeth a sus profecías, y la aterradora fuerza de su esposa, que le impulsa al asesinato calificando su reticencia de falta de hombría.

En última instancia, sin embargo, la responsabilidad recae en Macbeth. Su colapso de integridad moral enfrenta al público y quizás lo implique. La lealtad y la decencia de personajes como Macduff apenas compensan lo que es tan dolorosamente débil en el protagonista de la obra.

Macbeth consultando la visión de la cabeza armada. Por Henry Fuseli, 1793-1794

ANTONIO Y CLEOPATRA aborda la fragilidad humana en términos menos aterradores desde el punto de vista espiritual. La historia de los amantes es ciertamente una historia de fracaso mundano. LAS VIDAS DE Plutarco ofrecen a Shakespeare la lección objetiva de un valiente general que pierde su reputación y su sentido de la autoestima por su enamoramiento de una mujer ciertamente atractiva, pero no por ello menos peligrosa.

William Shakespeare no cambia ninguna de las circunstancias: Antonio se odia a sí mismo por haber tonteado en Egipto con Cleopatra, acepta casarse con la hermana de Octavio César, Octavia, como forma de recuperar su estatus en el triunvirato romano, engaña a Octavia eventualmente, pierde la batalla de Actium debido a su atracción fatal por Cleopatra, y muere en Egipto como un guerrero derrotado y envejecido.

William Shakespeare añade a esta narración un convincente retrato de la crisis de la mediana edad. Antonio está profundamente angustiado por su pérdida de potencia sexual y de posición en el mundo de los negocios. La vida amorosa de William Shakespeare en Egipto es manifiestamente un intento de afirmar y recuperar su menguado poder masculino.

Sin embargo, el modelo romano no es en la obra de Shakespeare la opción indiscutiblemente virtuosa que es en Plutarco. En ANTONIO Y CLEOPATRA, EL comportamiento romano promueve la atención al deber y a los logros mundanos, pero, encarnado en el joven Octavio, es también obsesivamente masculino y cínico respecto a las mujeres. Octavio quiere capturar a Cleopatra y llevarla triunfante de vuelta a Roma, es decir, enjaular a la revoltosa mujer y ponerla bajo control masculino.

Cuando Cleopatra percibe ese objetivo, elige un suicidio noble antes que la humillación por parte de un macho patriarcal. En su suicidio, Cleopatra afirma que ha llamado "al gran César asno / sin polisemia" (Acto V, escena 2, líneas 307-308). Es preferible el sueño fugaz de grandeza con Antonio, ambos sin límites, divinos, como Isis y Osiris, inmortalizados como amantes heroicos aunque las circunstancias reales de sus vidas fueran a menudo decepcionantes e incluso chabacanas.

La visión de esta tragedia es deliberadamente inestable, pero en su parte más etérea fomenta una visión de la grandeza humana que se aleja de la maldad que corrompe el alma de MACBETH o del REY LEAR.

Dos tragedias tardías también escogen el mundo clásico antiguo como escenario, pero lo hacen de una manera profundamente desalentadora. Shakespeare parece haber estado muy preocupado por la ingratitud y la codicia humana en estos años.

Timón de Atenas (c. 1605-1608), probablemente una obra inacabada y posiblemente nunca producida, nos muestra inicialmente a un hombre próspero y fábula por su generosidad. Cuando descubre que ha sobrepasado sus medios, se dirige a sus aparentes amigos para pedirles el tipo de ayuda que les ha prestado, sólo para descubrir que sus recuerdos son cortos. Retirándose a un amargo aislamiento, Timón arremete contra toda la humanidad y rechaza todo tipo de consuelo, incluso el de la compañía y la simpatía bienintencionadas de un antiguo sirviente. Muere aislado.

La amargura sin paliativos de este relato sólo se ve aliviada en parte por la historia del capitán militar Alcibíades, que también ha sido objeto de la ingratitud y el olvido atenienses, pero que consigue reafirmar su autoridad al final. Alcibíades resuelve hacer algún tipo de arreglo con la miserable condición de la humanidad; Timón no lo acepta. Pocas veces se ha escrito una obra de teatro más amargada.

Coriolano (c. 1608) retrata de forma similar las respuestas ingratas de una ciudad hacia su héroe militar. El problema se complica por el hecho de que Coriolano, incitado por su madre y sus aliados conservadores, asume un papel político en Roma para el que no está dotado de temperamento.

Sus amigos le instan a que contenga su discurso destemplado hasta que sea votado para el cargo, pero Coriolano es demasiado franco para tener tacto en este sentido. Su desprecio por los plebeyos y sus líderes políticos, los tribunos, es implacable.

Su filosofía política, aunque implacablemente aristocrática y snob, es coherente y teóricamente sofisticada; los ciudadanos son, según argumenta, incapaces de gobernarse con criterio. Sin embargo, su furia no hace más que empeorar las cosas y le lleva a un exilio del que regresa para conquistar su propia ciudad, en alianza con su viejo enemigo y amigo, Aufidio.

Cuando su madre sale a la ciudad para suplicar por su vida y la de otros romanos, él cede y, a partir de ahí, cae en la derrota como una especie de niño de mamá, incapaz de hacer valer su propio sentido de sí mismo. Como tragedia, CORIOLANO es de nuevo amargo, satírico, y termina con la derrota y la humillación. Es una obra inmensamente poderosa, y capta un estado de ánimo filosófico de nihilismo y amargura que se cierne sobre los escritos de Shakespeare a lo largo de estos años de la primera década de 1600.

Piezas románticas de William Shakespeare

Al mismo tiempo, sin embargo, y en los años siguientes, Shakespeare volvió a escribir comedias. Las comedias tardías suelen llamarse romances o tragicomedias porque cuentan historias de vagabundeo y separación que conducen finalmente a un reencuentro lloroso y alegre.

Están impregnadas de un humor agridulce que parece elocuentemente apropiado para un escritor que ha explorado con tan descarnada honestidad las profundidades del sufrimiento y la degradación humana en las grandes tragedias.

Pericles, escrito quizás en 1606-1608 y basado en el conocido cuento de Apolonio de Tiro, puede implicar cierta colaboración de autoría; el texto es inusualmente imperfecto, y no apareció en el Folio de 1623. Emplea una figura coral, John Gower (autor de una versión anterior de esta historia), para guiar al lector o espectador por el Mediterráneo en los diversos viajes de Pericles, que evita el matrimonio con la hija del incestuoso rey Antíoco de Antioquía; se casa con Thaisa, la hija del rey Simónides de Pentápolis; tiene un hijo con ella; cree que su esposa ha muerto en el parto durante una tormenta en el mar y hace que su cuerpo sea arrojado por la borda para calmar los temores supersticiosos de los marineros; pone a su hija Marina al cuidado de Cleón de Tarso y de su malvada esposa, Dionyza; y finalmente se reencuentra con su esposa y su hijo después de muchos años. La historia es un típico romance.

William Shakespeare añade conmovedoras escenas de reencuentro y la percepción de que bajo el ingenuo relato del viaje se esconde una sutil dramatización de la separación, la pérdida y la recuperación. Pericles está profundamente agobiado por su pérdida y quizá también por un sentimiento de culpa por haber consentido en arrojar el cuerpo de su esposa al mar. Sólo se recupera de su desesperación gracias a las atenciones de una hija cariñosa, que es capaz de darle una razón para vivir de nuevo y reunirse con su esposa.

El cuento de invierno (c. 1609-1611) es, en cierto modo, una repetición de esta misma historia, en la que el rey Leontes de Sicilia, afectado por unos celos irracionales de su esposa, Hermione, provoca la aparente muerte de ésta y la real de su hijo. El sentimiento de culpa resultante es insoportable para Leontes y, sin embargo, acaba por curarse a lo largo de un período de muchos años que son necesarios para que su única hija, Perdita (a la que casi ha matado también), crezca hasta la madurez en la lejana Bohemia. También esta historia se basa en un romance en prosa, en este caso el PANDOSTO de Robert Greene.

El reencuentro con la hija y luego con la esposa es profundamente conmovedor, como en Pericles, con el toque mágico añadido de que el público no sabe que Hermione está viva y, de hecho, se le ha dicho que está muerta. Su aparición, maravillosamente escenificada como una estatua que vuelve a la vida, es uno de los grandes golpes teatrales de Shakespeare, ya que juega con los temas favoritos de Shakespeare en estas obras tardías: la hija que sirve, el marido que se siente culpable y la esposa milagrosamente recuperada.

La historia es aún más conmovedora si se tiene en cuenta que William Shakespeare pudo haber tenido, o imaginado, una experiencia similar al intentar recuperar la relación con su esposa, Anne, a la que había dejado en Stratford durante sus muchos años en Londres.

En Cymbeline (c. 1608-1610), el rey Cymbeline lleva a su virtuosa hija Imogen al exilio al oponerse a su matrimonio con Posthumus Leonatus. La esposa en este caso es la torva reina de Cymbeline, una estereotipada madrastra malvada cuyo ingenioso y lascivo hijo Cloten (hermanastro de Imogen) es la encarnación de todo lo que amenaza y pospone el eventual final feliz de este cuento. También Posthumus le falla a Imogen por sus celos irracionales, pero finalmente se recupera para creer en su bondad.

El oscuro retrato de la Reina ilustra la ambivalencia de la visión que Shakespeare tiene de la madre en sus últimas obras. Esta reina es la madrastra malvada, como Dionyza en PERICLES; en su implacable deseo de control, también recuerda a Lady Macbeth y a las Hermanas Extrañas en MACBETH, ASÍ COMO A LA madre de Coriolano, Volumnia. La madre devoradora es una presencia prohibida en las últimas obras, aunque se ve contrarrestada por figuras maternas redentoras como Hermione en El CUENTO DE INVIERNO y Thaisa en PERICLES.

La Tempestad (c. 1611) resume gran parte de lo que fue el arte maduro de Shakespeare. Una vez más, nos encontramos con un padre sin esposa y con una hija, en este caso en una isla desierta donde el padre, Próspero, es totalmente responsable de la educación de su hija. También se comporta como un dramaturgo a cargo de toda la obra, organizando su vida y la de los demás personajes. Emplea una tormenta en el mar para traer al joven Fernando a la compañía de su hija; Fernando es la elección de Próspero, porque ese matrimonio resolverá la amarga disputa entre Milán y Nápoles -surgida después de que este último apoyara al hermano usurpador de Próspero, Antonio, en su reclamación del ducado de Milán- que ha llevado al destierro de Próspero.

Al mismo tiempo, Ferdinand es sin duda la elección de Miranda también; los dos se enamoran al instante, anticipando el deseado final feliz romántico. El final también significará el fin de la carrera de Próspero como artista y dramaturgo, pues se acerca a su jubilación y presiente que su don no le acompañará para siempre. El espíritu prisionero Ariel, encarnación de ese don temporal y precioso, debe ser liberado en los momentos finales de la obra. También Calibán debe ser liberado, ya que Próspero ha hecho lo posible por educar y civilizar a este Hombre Natural. El arte sólo puede llegar hasta cierto punto.

LA TEMPESTAD parece haber sido concebida como la despedida de Shakespeare del teatro. Contiene pasajes conmovedores de reflexión sobre lo que sus poderes como artista han podido lograr, y temas valederos de cierre. Como comedia, demuestra perfectamente el modo en que Shakespeare fue capaz de combinar una construcción artística precisa (la obra opta en esta ocasión de despedida por observar las unidades clásicas de tiempo, lugar y acción) con su especial habilidad para las historias que trascienden lo meramente humano y físico: LA TEMPESTAD está poblada de espíritus, monstruos y bufonadas. Este es, al parecer, el resumen de Shakespeare de su arte como dramaturgo cómico.

Pero LA TEMPESTAD no fue la última obra de Shakespeare. Quizás descubrió, como mucha gente, que se aburría en su retiro en 1613 o por ahí. Sin duda, su compañía de actores estaba ansiosa por tenerlo de vuelta.

William Shakespeare escribió una obra de historia titulada Enrique VIII (1613), que es extraordinaria en varios aspectos: relata acontecimientos históricos sustancialmente posteriores cronológicamente a los del siglo XV que habían sido su tema en sus obras históricas anteriores; está separada de la última de esas obras por quizás 14 años; y, quizás lo más significativo, es tanto un romance como una obra de historia. La historia en este caso trata realmente del nacimiento de Isabel I, que se convertiría en la gran reina de Inglaterra.

Las circunstancias de los problemáticos asuntos matrimoniales de Enrique VIII, su encuentro con Ana Bolena, su enfrentamiento con el papado y todo lo demás resultan ser las formas humanamente imprevisibles por las que la Providencia urde el milagro del nacimiento de Isabel. La obra finaliza con este gran acontecimiento y ve en él una justificación y necesidad de todo lo que ha sucedido. De este modo, la historia da su sentido providencial en forma de una obra que es a la vez historia y romance.

Colaboraciones de William Shakespeare

The Two Noble Kinsmen (c. 1612-1614) supuso la colaboración de Shakespeare con John Fletcher, su sucesor como dramaturgo principal de los Hombres del Rey.

La historia, tomada de la HISTORIA DE LOS CABALLEROS de Chaucer, es esencialmente otro romance, en el que dos jóvenes galanes compiten por la mano de Emilia y en el que las deidades presiden la elección.

Es posible que William Shakespeare haya intervenido antes también en Eduardo III, una obra de historia de alrededor de 1590-1595, y parece haber aportado una escena más o menos para El LIBRO DE SIR TOMÁS MORO (c. 1593-1601) cuando esa obra tuvo problemas con la censura.

La escritura en colaboración era habitual en la escena inglesa del Renacimiento, y no es de extrañar que Shakespeare fuera llamado a realizar algunas de ellas. Tampoco es de extrañar que, dada su altísima reputación, se le atribuya haber escrito una serie de obras con las que no tenía nada que ver, incluidas las que se añadieron espuriamente a la tercera edición del Folio en 1664: LOCRINE (1591-1595), SIR JOHN OLDCASTLE (1599-1600), THOMAS LORD CROMWELL (1599-1602), EL PRÓDIGO DE LONDRES (1603-1605), EL PURITANO (1606) y UNA TRAGEDIA DE YORKSHIRE (1605-1608).

No obstante, su corpus se mantiene como un cuerpo coherente de su propia obra. La forma de la carrera tiene una simetría y una belleza interna que no difiere de la de las obras de teatro y los poemas individuales.

Las fuentes de Shakespeare

Salvo algunas excepciones, Shakespeare no inventó los argumentos de sus obras. A veces utilizaba historias antiguas (HAMLET, PERICLES). A veces se basó en las historias de escritores italianos relativamente recientes, como Giovanni Boccaccio, utilizando tanto historias conocidas (ROMEO Y JULIETA, MUCHO RUIDO Y POCAS NUECES) como otras poco conocidas (OTELO).

William Shakespeare utilizó las ficciones populares en prosa de sus contemporáneos en COMO GUSTÉIS y El CUENTO DE INVIERNO. Al escribir sus obras históricas, se basó en gran medida en la traducción de Sir Thomas North de las VIDAS DE LOS NOBLES GRIEGOS Y ROMANOS de Plutarco para las obras romanas y en las crónicas de Edward Hall y Holinshed para las obras basadas en la historia inglesa.

Algunas obras tratan de una historia bastante remota y legendaria (REY LEAR, CYMBELINE, MACBETH). Los dramaturgos anteriores habían utilizado ocasionalmente el mismo material (existen, por ejemplo, las primeras obras tituladas LAS FAMOSAS VICTORIAS DE ENRIQUE V y EL REY LEIR).

Pero, dado que muchas obras de la época de Shakespeare se han perdido, es imposible estar seguro de la relación entre una obra anterior y perdida y la obra de Shakespeare que ha sobrevivido: en el caso de HAMLET, SE ha argumentado de forma plausible que una "obra antigua", de la que se sabe que existió, era simplemente una versión temprana de la propia de Shakespeare.

Probablemente Shakespeare estaba demasiado ocupado para un estudio prolongado. Tenía que leer los libros que podía, cuando los necesitaba. Su enorme vocabulario sólo podía provenir de una mente de gran celeridad, que respondía tanto al lenguaje literario como al hablado. No se sabe de qué bibliotecas disponía.

La familia hugonote de Mountjoys, con la que se alojó en Londres, presumiblemente poseía libros franceses. Además, parece haber disfrutado de una interesante conexión con el comercio de libros de Londres. El Richard Field que publicó los dos poemas de Shakespeare VENUS Y ADONIS y LA VIOLACIÓN DE LUCRECIA, en 1593-1594, parece haber sido (como lo describe un registro de aprendizaje) el "hijo de Henry Field de Stratford-upon-Avon en el condado de Warwick, curtidor".

Cuando Henry Field, el curtidor, murió en 1592, John Shakespeare, el guantero, fue uno de los tres designados para valorar sus bienes y enseres. El hijo de Field, contratado como aprendiz en 1579, tenía probablemente la misma edad que Shakespeare. A partir de 1587 se consolidó como impresor de literatura seria, especialmente de la traducción de Plutarco de North (1595, reimpresa en 1603 y 1610).

No hay pruebas directas de ninguna amistad estrecha entre Field y Shakespeare. Sin embargo, no puede pasar desapercibido el hecho de que uno de los impresoreseditores más importantes de Londres en aquella época era un exacto contemporáneo de Shakespeare en Stratford, que difícilmente puede haber sido más que un compañero de escuela, que era el hijo de un estrecho colaborador de John Shakespeare y que publicó los primeros poemas de Shakespeare. Es evidente que Shakespeare disponía de un número considerable de contactos literarios y que muchos libros eran accesibles.

Que las obras de Shakespeare tenían "fuentes" ya era evidente en su propia época. Una interesante descripción contemporánea de una representación se encuentra en el diario de un joven abogado del Middle Temple, John Manningham, que dejó constancia de sus experiencias en 1602 y 1603.

La primera recopilación de información sobre las fuentes de las obras de teatro isabelinas se publicó en el siglo XVII: la obra ACCOUNT OF THE ENGLISH DRAMATICK POETS (1691), de Gerard Langbaine, indicaba brevemente dónde había encontrado Shakespeare materiales para algunas obras. Pero, en el transcurso del siglo XVII, se llegó a considerar que Shakespeare era un escritor extraordinariamente "natural", cuya formación intelectual era comparativamente poco importante: "era naturalmente culto; no necesitaba las gafas de los libros para leer la naturaleza", escribió John Dryden en 1668.

No obstante, era evidente que la calidad intelectual de los escritos de William Shakespeare era alta y revelaba una mente notablemente perceptiva. Las obras romanas, en particular, evidencian una cuidadosa reconstrucción del mundo antiguo.

La primera recopilación de materiales fuente, ordenados de forma que pudieran leerse y compararse estrechamente con las obras de William Shakespeare, fue realizada por Charlotte Lennox en el siglo XVIII. Más tarde aparecieron colecciones más completas, especialmente las de John Payne Collier (SHAKESPEARE'S LIBRARY, 1843; revisada por W. Carew Hazlitt, 1875). Estas colecciones anteriores han sido sustituidas por una versión en siete volúmenes editada por Geoffrey Bullough como NARRATIVE AND DRAMATIC SOURCES OF SHAKESPEARE (1957-1572).

Cada vez es más posible ver lo que era original en el arte dramático de Shakespeare. Logró la compresión y la economía mediante la exclusión de material no dramático. Desarrolló personajes a partir de breves sugerencias en su fuente (Mercutio, Touchstone, Falstaff, Pandarus), y desarrolló personajes completamente nuevos (los hermanos Dromio, Beatrice y Benedick, Sir Toby Belch, Malvolio, Paulina, Roderigo, el tonto de Lear). Reorganizó la trama para conseguir contrastes de carácter, clímax y conclusiones más eficaces (MACBETH, OTELO, El CUENTO DE INVIERNO, COMO GUSTÉIS).

Se introduce una perspectiva filosófica más amplia (HAMLET, CORIOLANO, BIEN ESTÁ LO QUE BIEN ACABA, TROILO Y CRÉSIDA). Y en todas partes, una intensificación del diálogo y un nivel de escritura imaginativa totalmente superior transformaron la obra más antigua.

Pero, aparte de las pruebas de las fuentes de sus obras, no es difícil obtener una impresión justa de Shakespeare como lector, alimentando su propia imaginación mediante un conocimiento moderado de los logros literarios de otros hombres y de otras épocas.

William Shakespeare cita a su contemporáneo Christopher Marlowe en COMO GUSTÉIS. Se refiere casualmente a la AETHIOPICA ("Historia de Etiopía") de Heliodoro (que había sido traducida por Thomas Underdown en 1569) en NOCHE DE REYES. Lee la traducción de las METAMORFOSIS de Ovidio realizada por Arthur Golding, que tuvo siete ediciones entre 1567 y 1612.

La vigorosa traducción de la ILÍADA de Homero realizada por George Chapman le impresionó, aunque utilizó parte del material de forma bastante socarrona en TROILO Y CRÉSIDA. El relato irónico de una república ideal en LA TEMPESTAD lo extrajo de uno de los ensayos de Montaigne.

Leyó (en parte, al menos) la DECLARACIÓN DE LOS IMPOSTORES PAPISTAS DE Samuel Harsnett y recordó animados pasajes de ella cuando escribía EL REY LEAR. Los primeros versos de un soneto (106) indican que había leído el poema de Edmund Spenser THE FAERIE QUEENE o literatura romántica comparable.

William Shakespeare era muy consciente de las variedades de estilo poético que caracterizaban la obra de otros autores. Un pequeño y brillante poema que compuso para el príncipe Hamlet (Acto V, escena 2, línea 115) muestra con qué ironía percibía las cualidades de la poesía en los últimos años del siglo XVI, cuando poetas como John Donne escribían poemas de amor que unían la imaginería astronómica y cosmogénica con el escepticismo y las paradojas morales. Los versos de ocho sílabas en modo arcaico escritos para el poeta del siglo XIV John Gower en PERICLES muestran su lectura de la CONFESSIO AMANTIS de ese poeta. La influencia de la gran figura de Sir Philip Sidney, cuya ARCADIA se imprimió por primera vez en 1590 y fue muy leída durante generaciones, se deja sentir con frecuencia en los escritos de Shakespeare.

Por último, no hay que subestimar la importancia de la Biblia para el estilo y la gama de alusiones de Shakespeare. Las obras de William Shakespeare demuestran una gran familiaridad con los pasajes designados para ser leídos en la iglesia cada domingo a lo largo del año, y un gran número de alusiones a pasajes del Eclesiástico (Sabiduría de Jesús Hijo del Sirácide) indica un interés personal por uno de los libros deuterocanónicos.

Comprender a William Shakespeare

Los lectores y los espectadores en vida de Shakespeare, y de hecho hasta finales del siglo XVIII, nunca cuestionaron la autoría de sus obras. Era un conocido actor de Stratford que actuaba en la principal compañía de teatro de Londres, entre los grandes actores de su época.

William Shakespeare también era ampliamente conocido por los principales escritores de su época, como Ben Jonson y John Webster, que lo elogiaron como dramaturgo.

Durante su vida aparecieron muchos otros homenajes a su persona como gran escritor. Cualquier teoría que suponga que no fue el escritor de las obras y poemas que se le atribuyen debe suponer que los contemporáneos de Shakespeare fueron engañados universalmente por algún tipo de acuerdo secreto.

Sin embargo, las sospechas sobre el tema cobraron cada vez más fuerza a mediados del siglo XIX. Una tal Delia Bacon propuso que el autor era su supuesto antepasado Sir Francis Bacon, vizconde de St. Albans, que fue efectivamente un destacado escritor de la época isabelina. ¿Qué había impulsado esta teoría?

Las principales consideraciones parecen haber sido que se sabe poco de la vida de William Shakespeare (aunque de hecho se sabe más de él que de sus escritores contemporáneos), que era de la ciudad rural de Stratford-upon-Avon, que nunca asistió a una de las universidades y que, por lo tanto, le habría sido imposible escribir con conocimiento de causa sobre los grandes asuntos de la vida cortesana inglesa como los que encontramos en las obras.

La teoría es sospechosa por varios motivos. La formación universitaria en la época de Shakespeare se centraba en la teología y en los textos latinos, griegos y hebreos, que no habrían mejorado mucho los conocimientos de Shakespeare sobre la vida inglesa contemporánea.

En el siglo XIX, la educación universitaria se convertía cada vez más en la marca de una persona ampliamente educada, pero la formación universitaria en el siglo XVI era algo muy diferente. La idea de que sólo una persona con formación universitaria podía escribir sobre la vida en la corte y entre la nobleza es una suposición errónea y, de hecho, esnob.

A William Shakespeare le convenía ir a Londres como lo hizo, ver y escribir obras de teatro, escuchar cómo hablaba la gente. William Shakespeare era, en efecto, un reportero. Los grandes escritores de su época (o, de hecho, de la mayoría de las épocas) no suelen ser aristócratas, que no tienen necesidad de ganarse la vida con sus plumas.

El origen social de William Shakespeare es esencialmente como el de sus mejores contemporáneos. Es cierto que Edmund Spenser estudió en Cambridge, pero procedía de una familia de fabricantes de velas. Christopher Marlowe también asistió a Cambridge, pero su familia era zapatera en Canterbury. John Webster, Thomas Dekker y Thomas Middleton procedían de entornos similares. Descubrieron que eran escritores, capaces de ganarse la vida con su talento, y acudieron (excluyendo al poeta Spenser) a los teatros londinenses, donde se encontraban clientes para sus productos. Como ellos, Shakespeare era un hombre de teatro comercial.

Se han propuesto otros candidatos -William Stanley, sexto conde de Derby, y Christopher Marlowe, entre otros- y, de hecho, el hecho mismo de que haya tantos candidatos hace que uno sospeche de las pretensiones de una sola persona.

El candidato de finales del siglo XX para escribir las obras de Shakespeare, aparte del propio Shakespeare, fue Edward de Vere, decimoséptimo conde de Oxford. Oxford escribía versos, al igual que otros caballeros; hacer sonetos era una marca de distinción caballeresca. Oxford era también un hombre desdichado que maltrataba a su mujer y llevaba a su suegro a la locura. Lo que más perjudica a la candidatura de Oxford es el hecho de que murió en 1604.

La cronología presentada aquí, que resume quizás 200 años de asiduos estudios, establece una carrera profesional de Shakespeare como dramaturgo que se extiende desde aproximadamente 1589 hasta 1614.

Muchas de sus mejores obras -el Rey LEAR, ANTONIO Y CLEOPATRA y LA TEMPESTAD, por nombrar sólo tres-

fueron escritas después de 1604. Suponer que la datación del canon es totalmente errónea y que todas las obras y poemas fueron escritos antes de 1604 es un argumento desesperado.

Algunas fechas individuales son inciertas, pero el patrón general es coherente. El crecimiento de los estilos poéticos y dramáticos, el desarrollo de los temas y los asuntos, junto con las pruebas objetivas, apoyan una cronología que se extiende hasta aproximadamente 1614. Suponer que Oxford escribió las obras y los poemas antes de 1604 y que luego los guardó en un cajón, para sacarlos después de su muerte y actualizarlos para que parecieran oportunos, es inventar una respuesta a un problema inexistente.

Una vez dicho todo esto, la pregunta sensata que hay que hacerse es: ¿por qué querría Oxford escribir las obras y los poemas y no reclamarlos para sí mismo? La respuesta que se da es que era un aristócrata y que escribir para el teatro no era elegante; por eso necesitaba un testaferro, un alias. Shakespeare, el actor, era una opción adecuada. Pero, ¿es plausible que un encubrimiento como éste haya tenido éxito?

Los contemporáneos de William Shakespeare, después de todo, escribieron sobre él inequívocamente como autor de las obras. Ben Jonson, que lo conocía bien, contribuyó con versos al First Folio de 1623, donde (como en otras partes) critica y alaba a Shakespeare como autor.

John Heminge y Henry Condell, compañeros de teatro y actores de Shakespeare, firmaron la dedicatoria y el prólogo del Primer Folio y describieron sus métodos como editores. En su época, por tanto, se le aceptaba como autor de las obras. En una época que amaba los chismes y el misterio como ninguna, parece difícilmente concebible que Jonson y los socios teatrales de Shakespeare compartieran el secreto de un gigantesco engaño literario sin una sola filtración o que se les pudiera imponer sin sospechar.

Las afirmaciones sin fundamento de que el autor de las obras era un hombre de gran erudición y que William Shakespeare de Stratford era un rústico analfabeto ya no tienen peso, y sólo cuando un creyente en Bacon u Oxford o Marlowe presente pruebas sólidas los estudiosos prestarán mucha atención.

Problemas de redacción

Desde los tiempos de Shakespeare, la lengua inglesa ha cambiado, al igual que el público, los teatros, los actores y los patrones habituales de pensamiento y sentimiento. El tiempo ha colocado una nube cada vez más grande ante el espejo que él sostuvo ante la vida, y es aquí donde la erudición puede ayudar.

Los problemas son más evidentes en las palabras sueltas. En el siglo XXI, PRESENTE, por ejemplo, no significa "inmediatamente", como solía hacer Shakespeare, o VOLUNTAD SIGNIFICA "lujuria", o RABIA significa "locura", o TONTO denota "inocencia" y "pureza".

En la época de William Shakespeare, las palabras también sonaban de forma diferente, de modo que ABLY podía rimar con EYE o TOMB con DUMB. La sintaxis era a menudo diferente y, mucho más difícil de definir, también lo era la respuesta a la métrica y la frase. Lo que suena formal y rígido para un oyente moderno podría haber sonado fresco y alegre para un isabelino.

Las ideas también han cambiado, sobre todo las políticas. Los contemporáneos de Shakespeare creían casi unánimemente en la monarquía autoritaria y reconocían la intervención divina en la historia.

La mayoría de ellos habría estado de acuerdo en que un hombre debería ser quemado por sus últimas herejías religiosas. Es tarea de la erudición lingüística e histórica ayudar a la comprensión de la multitud de factores que han afectado significativamente a las impresiones causadas por las obras de Shakespeare.

Ninguna de las obras de Shakespeare ha sobrevivido en su manuscrito, y, en los textos impresos de algunas obras, sobre todo de EL REY LEAR y RICARDO III, hay pasajes que están manifiestamente corruptos, con una relación sólo incierta con las palabras que Shakespeare escribió en su día. Incluso si el impresor recibía un buen manuscrito, podían introducirse pequeños errores.

Los compositores no eran perfectos; a menudo "regularizaban" las lecturas de sus copias, alteraban la puntuación de acuerdo con sus propias preferencias o el estilo "de la casa" o porque carecían de las piezas tipográficas necesarias, o cometían errores porque tenían que trabajar con demasiada prisa.

Incluso la corrección de las hojas de prueba en la imprenta podía corromper aún más el texto, ya que dicha corrección solía efectuarse sin referencia al autor o a la copia manuscrita; cuando se dispone de estados corregidos y no corregidos, a veces es preferible la versión no corregida. Los correctores son responsables de algunos errores que ahora son imposibles de corregir.